ASSURE SEC!

*Christian Griffith lors de la première «en libre» du toit de l'Amour Déçu (7b) au Salève.
Photo : Romain Vogler.*

John Rander
avec la collaboration de Brigitte Rander

ASSURE SEC !

Techniques d'escalade en falaise

(troisième édition)

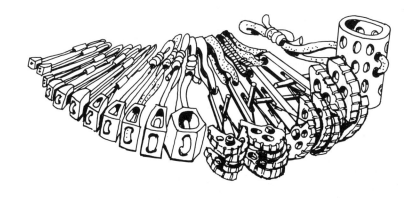

Édisud
La Calade, 13090 Aix-en-Provence

Collection « Guides d'escalades »
dirigée par Alexis Lucchesi

Animée par les meilleurs spécialistes, une collection de topoguides donnant sur chaque itinéraire tous les renseignements techniques et pratiques : cotation des difficultés, temps, hauteurs, matériel, etc. Chaque volume est illustré de très nombreux croquis et cartes. Volumes brochés 13,5 × 21 cm.

LUCHESI Alexis. — **Escalades dans le massif des Calanques**

Les Goudes - Saint-Michel
Nouvelle édition mise à jour et complétée, intégrant toutes les nouvelles voies. 279 voies.
192 p. © 1986.

Marseilleveyre
120 p. © 1977.

Mounine - Callot - Plan des Cailles - Les Iles
120 p. © 1977.

Bougie - Melette - Walkyries
128 p. © 1978.

Sormiou
104 p. © 1988.

Sugiton - Saint-Cyr
160 p. © 1984.

En-Vau
160 p. © 1983.

Devenson - Castelvieil - Gardiole
168 p. © 1989.

FAGARD Thierry, LEBALEUR Jean-Paul. — **Escalades dans le massif du Saussois**
160 p. © 1983.

FAGARD Thierry, LEBALEUR Jean-Paul. — **Le massif du Saussois**
192 p. © 1988.

KERN Christophe, LUCCHESI Alexis. — **Escalades dans la chaîne de l'Étoile**
64 p. © 1986.

GORGEON Bernard, GUYOMAR Christian, LUCCHESI Alexis. — **Escalades dans le massif de la Sainte-Victoire**

1. Les Deux-Aiguilles - Le Signal
120 p. © 1988.

2. La Carrière - Baù des Vespres - Saint-Ser
130 p. 1982.

3. Baù Cézanne - La Croix
104 p. © 1983.

4. Saint-Ser
104 p. © 1988.

COUPÉ Serge. — **Escalades dans le massif de la Chartreuse**
128 p. © 1986.

COUPÉ Serge. — **Escalades dans le massif du Vercors (Des Trois Pucelles à Balme)**
128 p. © 1986.

DUCA J., BOIRARD G. — **La sécurité en haute-montagne**
112 p. © 1989.

BRENIER Bruno, DOSSETTO Marlène. — **Le massif des Dolomites**
248 p. © 1987.

LEBALLEUR J.-P. — **Fontainebleau**

1. Les trois pignons sud
64 p. © 1987.

2. Apremont
48 p. © 1987.

GORGEON Daniel, JAULIN Serge, LUCCHESI Alexis. — **Le Luberon - Buoux**
120 p. © 1987.

LUCCHESI Alexis, GIFFON P. — **Escalades dans le massif de la Sainte-Baume**
168 p. © 1988.

ISBN 2-85744-479-6 (3e édition).
© C.-Y. Chaudoreille, Édisud, Aix-en-Provence, 1990.
Tous droits de reproduction, traduction et adaptation réservés pour tous pays.

PRÉFACE

Pourquoi un livre portant uniquement sur les techniques d'escalade en école et en falaise (varappe) sans aucune mention à l'alpinisme? La réponse est simple : l'escalade a beaucoup évolué dans les dernières années, devenant un sport indépendant, distinct des notions d'entraînement pour la montagne. Le terrain de jeux des «varappeurs» est partout où l'on rencontre des falaises ou parois rocheuses; le but n'est plus l'ascension d'un sommet, mais la recherche de la difficulté et de la pureté technique. Il y a une réelle augmentation des niveaux de difficulté des passages «en libre» (escalade avec matériels de sécurité mais non utilisés comme moyens de progression). Toute une technologie s'est développée en s'adaptant aux problèmes spécifiques de ce sport (par exemple les «coinceurs»). Le but de ce livre est de faciliter l'apprentissage de ces techniques à l'aide de dessins et d'explications claires. Nous apportons à la fois une synthèse des diverses méthodes venant des écoles de rocher calcaire (France) et de celles en rocher granit (États-Unis). Ce livre doit donc servir les grimpeurs débutants qui veulent grimper en tête de cordée et les plus expérimentés qui veulent affiner leurs connaissances dans l'utilisation de leur matériel.

L'assurage d'une chute par la corde et tout un système de freinage sont essentiels à la sécurité des varappeurs «sportifs» qui poussent leurs limites contre la difficulté. L'importance de ce problème nous a amené à vérifier, soit par essais, soit par calculs basés sur l'information des fabricants, les moyens employés. Ainsi, vous trouverez des notes techniques, présentées sur fond gris, pouvant être évitées en première lecture. Pour compléter le sujet, nous avons inclus deux chapitres sur le pitonnage et l'artif, peut-être un peu «rétro» aujourd'hui, mais parfois essentielles.

Un conseil pour celui qui commence son apprentissage en tête de cordée : on peut ajouter qu'en dehors de toute considération technique il faut en plus une certaine réflexion et attention aux détails qui doivent devenir une habitude pour le grimpeur. Cet apprentissage présume une formation déjà correcte du varappeur, une formation apprise dans les heures d'escalade à Fontainebleau ou dans les falaises du coin. Ce n'est pas une question de difficultés, car le débutant peut assez vite, en école, devenir premier de cordée dans les voies faciles. L'important est de connaître ses propres capacités, de ne pas trop compliquer les choses, de rester en dessous de son niveau technique, et de grimper de préférence dans des voies déjà équipées. Connaissant très bien son matériel, le grimpeur pourra rapidement augmenter le niveau de son jeu.

Pour conclure, vous trouverez dans les commentaires quelques questions d'«esthétique» et d'«éthique» soulevées par l'utilisation de ce matériel.

Préface sur la deuxième édition

Une véritable explosion du nombre de grimpeurs en falaise continue sa course effrénée.

En réponse à cette évolution, bon nombre de voies de niveau 5 à 8 ont été équipées. Leur matériel (anneaux scellés, spits, etc.) y est soumis à des chutes répétées, ce qui a motivé la révision de l'équipement dans les écoles d'escalades. Le lecteur trouvera ainsi quelques nouvelles informations en fin du chapitre VI sur le pitonnage qui reflètent en particulier l'état d'esprit actuel du CO.SI.ROC. Quelques nouveautés dans le domaine des coinceurs sont aussi rapportées.

Enfin, un aparté face au nombre croissant des grimpeurs ou plutôt un appel : chacun se doit de protéger les sites ; évitez les falaises trop chargées le week-end, respectez les lieux et les habitants locaux (parkings, camping...) et surtout soyez propres (c'est tellement plus agréable pour tout le monde). Enfin, respectez l'équipement en place (toute modification doit rester la responsabilité des grimpeurs locaux).

Préface sur la troisième édition

Grâce aux médias, la vision populaire s'est imprégnée de l'image d'escalade de haut-niveau, avec ses compétitions internationales, son vedettariat, et une émulation s'en est suivie, expliquant en partie la généralisation du spitage systématique de toutes les écoles. Des murs d'escalade artificiels ont même «fleuri» un peu partout dans les villes. Dans cette troisième édition, nous avons tenu compte d'un certain nombre de changements dans la pratique et dans le matériel d'escalade des années 90. Le lecteur trouvera :

— plus d'informations sur la pratique courante de la «moulinette», sur les descentes en rappel, et sur le mousquetonnage.

— une mise à jour sur les baudriers, la relégation des coinceurs et du pitonnage au domaine de «l'escalade-aventure» (falaises non équipées).

Enfin, nous avons ajouté un appendice sur la réalisation d'un mur d'entraînement personnel.

Remerciements

Je remercie tous mes amis pour leur aide et commentaires, particulièrement Sylvain Jouty pour son accord d'utiliser mes articles parus dans AlpiRando et Oleg Sokolsky pour son enthousiasme et ses avis.

Je tiens à remercier Patrick Gabarrou pour ses commentaires, Romain Vogler et Michel Piola pour leurs photos.

Je ne saurais oublier ma femme, Brigitte, qui a beaucoup travaillé pour traduire mon «franglais» en... français.

Enfin je remercie les fabricants d'équipement qui ont répondu à mes questions.

Par anticipation, je vous remercie, vous, amis grimpeurs, de respecter faune et flore, et d'éviter, principalement en période de nidation et couvaison des rapaces rares (février à juin), les grandes falaises peu fréquentées.

SOMMAIRE

I. Préliminaires 13
  1. Équipements de base 14
    a) Chaussons d'escalade 14
    b) La corde 17
    c) Cuissard-baudrier 18
    d) Dégaines 21
    e) Mousqueton à vis 24
    f) Descendeur/système d'assurage 24
    g) Sangles (ou anneaux de cordelette) 25
    h) Anneau de Prussik 25
  2. Vieillissement de la corde, du baudrier, des sangles 25
  3. Organisation et portage du matériel 26
  4. Nœuds utiles 27

II. L'escalade en falaise 33
  1. Sites d'escalade 34
  2. Utilisation des livres guides 35
    a) Cotation des passages 36
    b) Lecture des « topos » 37
  3. Notions d'escalade en moulinette 39
  4. Notions d'escalade autonome 40
  5. Techniques d'escalade avancée 41
  6. Entraînement 47

III. Les chutes (techniques d'assurage) 53
  1. La situation de chute 54
  2. Le système d'assurage 55
  3. Le freinage au relais 56
  4. Situation et méthode de freinage 58
    a) L'assurage sous les fesses 58
    b) L'assurage avec frein posé sur baudrier : à conseiller 60
    c) L'assurage avec frein sur un point d'ancrage du relais ... 61
  5. Fonctionnement du système d'assurage 62
    a) Durée d'une chute 64

b) Distance d'arrêt et freinage	64
c) Rôle du frottement	66
6. La corde et son rôle dans l'arrêt d'une chute	67
7. Réflexes dans une chute	69
8. En résumé	72

IV. Points d'assurage 75
1. Utilisation (idées générales) 76
   a) Rythme d'escalade 76
   b) Combien d'assurages? (intervalle des points) 76
   c) Vont-ils tenir? 77
   d) Tirage de la corde 82
2. Mousquetonnage 83
3. Équipements en place 86
4. Utilisation des points naturels 88

V. Coinceurs 93
1. Origine des coinceurs 94
2. Principe et choix des coinceurs 95
3. Aménagement du coinceur : câble ou anneau de cordelette? 106
4. Techniques du coincement (problème de stabilité) 108
5. Coinceurs « extrêmes » 113
6. Dégagement des coinceurs 114

VI. Le pitonnage 117
1. Notion de limite élastique et qualité du piton 119
2. Pitons en acier doux (pitons « européens ») 119
3. Pitons en acier spécial (CMV : pitons « américains ») .. 120
4. Mise en place 120
   a) Le placement 121
   b) Problème du bras de levier 122
5. Dépitonnage 123
6. Collage de pitons au mortier 124
7. Pitonnage par forage : pitons à expansion ou scellés ... 125

VII. Rappels et techniques diverses en falaise 129
1. Rappels et pose des rappels 130
2. Auto-assurage en « top-rope » 135
3. Pendules 137
4. L'artif et les problèmes des grandes parois 138
   a) Moyens de progression 138
   b) Mode de progression : artif soutenu 140
   c) Relais en parois 141
   d) Ascendeurs : dépitonnage et hissage du matériel 141
   e) Bivouac dans le gaz... 143

VIII. La grimpe : question de style 145
1. Remarque sur les « règles de jeux » 146

2. Traumatologie de l'escalade 147
3. Concernant la magnésie 147
4. Protection et équipement des sites 148
5. Compétition 149
6. Danse-escalade 149

APPENDICE : MUR D'ENTRAÎNEMENT 150

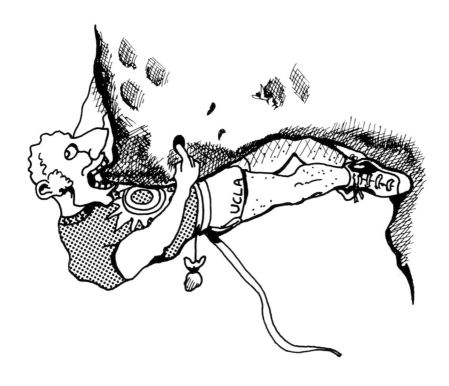

Pose d'un coinceur d'assurage dans une fissure, plutôt « relaxe », au Yosemite. Photo de l'auteur.

I. Préliminaires

Loin au-dessus du fleuve, on perçoit un mouvement : un grimpeur quitte l'ombre pour escalader dans le soleil. Un filament, couleur lavande de Provence, pend derrière lui. Il gravit une fissure et siffle sa copine. Elle le suit, s'arrêtant quelquefois pour dégager les coinceurs qui viennent d'assurer son ami. Seuls autres sons : les hirondelles et le Verdon dans la gorge. Le temps est suspendu. Plus loin, sur une autre paroi, une deuxième cordée est engagée dans un passage extrême. Comme une araignée, le premier tombe dans l'espace avant de reprendre le passage. Ce sont les grimpeurs d'aujourd'hui : indépendants, pour la plupart sans guide, l'escalade pour le plaisir et le sport.

Pour un débutant, il reste un grand pas à faire, entre l'escalade dans les blocs et celle en premier de cordée sur les grandes parois : beaucoup d'entraînement physique, de technologie et d'astuces. Heureusement, toutes les nouvelles techniques ont comme base des notions mécaniques communes; on le verra plus tard.

Dans ce premier chapitre, nous allons revoir des notions générales comme l'équipement de base, le problème des baudriers, et les nœuds essentiels.

1. Équipement de base

Le choix de l'équipement est très varié et fonction de l'état du matériel équipant déjà les voies, de la hauteur entre les points du relais, du type de rocher et même du niveau du grimpeur. Mais pour la plupart des écoles en France, l'équipement en place est tel qu'un minimum de matériel est suffisant.

a) Chaussons d'escalade

Ce superbe chausson, précis, lisse mais adhérent, utilisé mondialement pour l'escalade de haut niveau en falaise, fut inventé en France par Pierre Allain pour les blocs de Fontainebleau... il y a de cela presque quarante ans!

Liste d'équipement de base :

Matériel nécessaire pour l'escalade en falaise dans les **voies équipées, avec descente à pied, en court rappel (hauteur < 25 m) ou en « moulinette »** :

Équipement pour la cordée :
— 1 corde (simple, 10,5 mm de diamètre), longueur 50 m.
— 8 à 10 dégaines.
— 1 à 2 sangles (taille d'un buste).

Équipement pour chacun des deux grimpeurs :
— 1 cuissard-baudrier.
— 1 mousqueton à vis.
— 1 descendeur/frein.
— 1 anneau prussik.

Pour les **voies plus hautes**, il faut prévoir soit une corde supplémentaire pour les rappels (simple, 8,5 mm de ø) longueur 50 m, soit une corde double (2 fois 8,5 mm de ø).

Le matériel supplémentaire pour l'escalade en **terrain « d'aventure »** dépendra du type de rocher et de l'envergure de la voie :
— sélection de coinceurs (voir chap. V) : jeu de « rocks » et de « friends », parfois un (ou plusieurs) crochet(s), et un décoinceur par grimpeur.
— 4 à 6 sangles (taille d'un buste).
— éventuellement, un marteau et quelques pitons (parfois une perceuse...).
— casque, suivant votre convenance personnelle (quelquefois même utile dans certaines écoles... au pied des voies...).

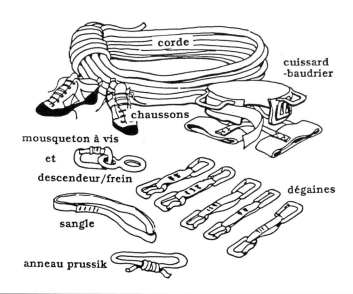

Sans entrer dans une discussion sur les marques, en perpétuel renouvellement, on peut donner quelques conseils :
• Il semble qu'à l'heure actuelle les semelles tendres, adhérentes et souples soient plus polyvalentes mais discutables en grattonage de précision.

Le pourquoi de leur adhérence étonnante peut être compris par la représentation d'une vue agrandie de la semelle. La surface tendre, remplie d'aspérités, épouse la surface granulée du rocher. Ceci explique aussi leur manque de tenue sur une surface parfaitement lisse : les petites boules de caoutchouc jouent comme des billes...

• Le chausson doit épouser le contour de vos pieds pour assurer une parfaite tenue ; il doit être relativement serré.
• L'utilisation sans chaussettes est conseillée ; parfois un système de doubles lacets permettra d'affiner l'ajustement du bout de pied.

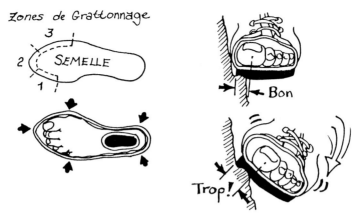

En grattonage, l'utilisation des petites prises se fait par le bord frontal et latéral de la chaussure (plus souvent côté interne qu'externe), d'où l'importance d'un serrage correct au niveau des orteils.
• Le nettoyage minutieux de la semelle (jusqu'à l'obtention d'un bruit caractéristique parfois aidé par une application légère de colophane) offrira le maximum d'adhérence à n'importe quelle semelle.

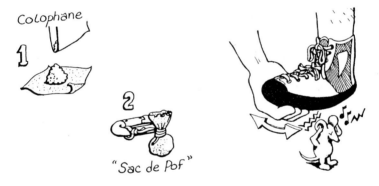

• Le caoutchouc enveloppant les côtés de la chaussure se révèle très utile dans les fissures. Il peut être nécessaire, si vous grimpez principalement dans des fissures, d'y ajouter des pièces de cuir sur les deux côtés de la cheville.

Finalement, il n'y a pas de miracle. Un bon grimpeur ne modifiera pas de façon notable son niveau d'un style de chausson à l'autre, mais il pourra être forcé à modifier sa technique.

b) La corde

Pour retenir une chute et absorber son énergie, on utilise une corde en nylon qui s'allonge lors d'un choc.

Elle est composée de deux parties :
1. l'extérieur de la corde : gaine tressée qui protège l'âme de l'usure ;
2. l'âme de la corde : composée de fibres, tressées ou câblées, en polyamide.

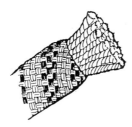 

Pour la varappe en école on préfère, généralement, une corde simple de 11 mm (voire de 10,5 mm). Pour les grandes falaises de type «aventurier», il est, bien souvent, préféré une corde double de 9 mm (voire de 8,5 mm). La longueur de corde souhaitée est de 50 mètres (90 à 100 mètres pour 9 mm) pour les voies ayant de longs passages techniques. Il est essentiel que la corde soit homologuée U.I.A.A. (Union internationale des associations d'alpinistes), et il ne faut absolument pas utiliser de cordes de spéléo ou de bateau. Les cordes d'escalade sont spécialement conçues pour absorber le choc d'une chute (voir chapitre III pour plus de détails). La question des cordes vendues avec l'appellation «très dynamiques» ou «multi-chutes» semble être un argument de vente plutôt qu'un besoin technique car la corde homologuée U.I.A.A. doit déjà tenir 5 chutes avec un choc acceptable.

Les cordes traitées «anti-pluie» sont intéressantes lors d'escalades hivernales, sur la glace (type cascade gelée par exemple), mais non nécessaires en falaises d'été.

Une corde est principalement sensible à trois facteurs : la lumière U.V., la chaleur, le frottement. Son vieillissement sera discuté ultérieurement dans ce chapitre. Pour éviter l'usure de l'âme, il faut la laver si elle est très sale, mais faites ce lavage en *eau tiède* avec un détergent doux, et surtout, séchez-la dans l'ombre sans trop de chaleur. Ne la laissez pas au soleil dans votre voiture, et gardez-la loin de produits chimiques (type acide de batterie...).

Une petite remarque : il vaut mieux marquer le milieu d'une corde avec de l'encre plutôt qu'avec un morceau de scotch adhésif, car celui-ci peut poser des problèmes en rappel (blocage du prussik...). Cependant, attention aux marqueurs qui peuvent attaquer le nylon.

c) Cuissard-baudrier

Il constitue un élément important dans votre «chaîne» de sécurité. Il doit donc être choisi avec réflexion, et jeté après cinq années d'utilisation ou en cas de grande chute (H/L > 1,5 — voir plus loin), ou encore en cas d'usure prématurée. Toutes ces raisons en font un objet personnel, qui, comme votre corde, ne doit pas être prêté.

Le cuissard joue quatre rôles :
1. Il assure en cas de chute la réception et répartition d'un choc sur le bassin.
2. Il supporte un grimpeur suspendu dans le «vide» sans gêner sa respiration en évitant, si possible, un retournement tête en bas.

Pliage et portage de la corde

3. Il simplifie l'attache à la corde, l'assurage et descente en rappel, et le portage du matériel.

4. Il permet une totale liberté de mouvement.

Lors de l'achat, n'hésitez pas à vous suspendre dedans, vérifiant surtout la taille et l'absence de gêne. Sachez que plus l'attache est haute, mieux c'est. Ainsi l'U.I.A.A. n'accepte une homologation que pour les baudriers complets... une exigence trop contraignante en falaise. Les grimpeurs actuels préfèrent le cuissard, nécessitant l'apprentissage de réflexes en cas de vol (voir chapitre III).

Enfin, **suivez attentivement les conseils d'emploi du fabricant.**

Conseils pratiques :

1. **Repasser systématiquement la sangle du baudrier dans la boucle** (voir dessin).
2. **Toujours attacher directement la corde sur le baudrier (nœud en huit)** ; jamais par l'intermédiaire d'un mousqueton, ni par l'anneau de manœuvre (assurage/rappel) équipant certains modèles (sauf recommandations particulières du fabricant).
3. **Ne jamais se décorder dans une voie sans s'attacher préalablement** (cas typique d'une pose de moulinette).
4. Un sac à dos chargé vous obligera, par risque de retournement, à prévoir une attache haute.

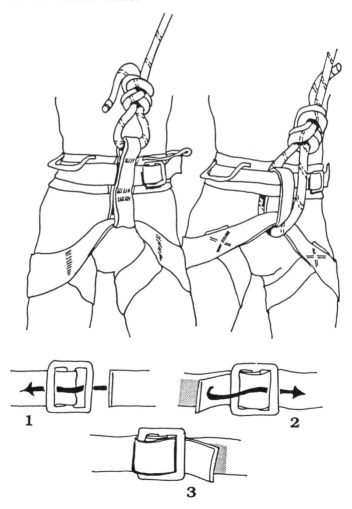

Méthode d'attache sur baudrier intégral (enfant-montagne) :

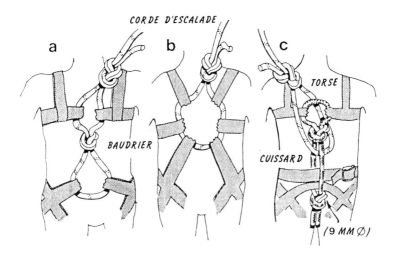

Soit sur le baudrier avec nœud « en huit », soit, plus pratique, avec cordelette de 9 mm, en plus, pour relier torse et cuissard.

d) Dégaines

Une dégaine n'est autre qu'une courte sangle cousue ou anneau de cordelette relié(e) à chacune de ses extrémités par un mousqueton, l'un destiné à l'accroche sur spit ou piton, l'autre à permettre le coulissement de la corde.

Jamais un seul mousqueton !

Prévue pour tenir deux tonnes, son emploi réduit le tirage et le risque d'échappement accidentel de la corde lors d'une chute (voir dessin). De plus, sa souplesse permet de «corriger» l'erreur classique du débutant : celle de mousquetonner la corde dans le mauvais sens.

NOTE TECHNIQUE

Pourquoi un point d'attache haut?

Le centre de gravité du corps est au-dessus de la ceinture. L'attache du cuissard est donc au-dessous du centre de gravité. On peut imaginer les conséquences avec un jouet en carton :

Si on le tient sous le centre de gravité, il tombe tête en bas. S'il peut plier, il le fait. Par contre, attaché au-dessus du centre de gravité, il est stable : tête en haut, pas de pliage...

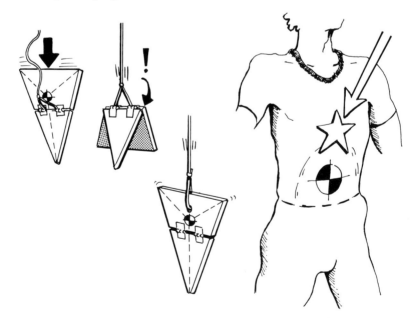

Donc le point d'attache devrait se trouver approximativement au niveau du sternum.

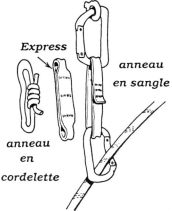

Utilisez une dégaine !

Par contre, l'emploi des dégaines en sangle nécessite deux précautions qui méritent un petit mot :

1. La largeur de la sangle devrait être inférieure à 25 mm. En effet, lors d'un choc, l'effort est réparti sur toute sa largeur, réduisant ainsi considérablement la résistance du mousqueton (voir dessin).

2. Les dégaines en sangle cousues plates (les « express »), plus courtes que 15 centimètres, manquent de souplesse, entraînant un risque réel d'ouverture intempestive du mousqueton par le mouvement de la corde. Ce risque est accru si les œilletons de la dégaine sont trop serrés. Ces remarques ne s'appliquent pas aux dégaines en forme d'anneau.

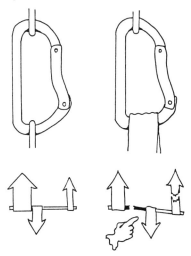

Attention aux sangles > 25 mm !

Conseils pratiques :

1. Choisir de préférence des mousquetons homologués UIAA (résistance à la traction d'au moins 2 400 kg-force). Côté attache à la corde, préférez les modèles à gachette courbée qui facilitent le mousquetonnage.

2. Utilisez des dégaines souples et de faible largeur. Si vous les achetez cousues, méfiez-vous des sangles Express trop courtes. Si vous les confectionnez en cordelette, prenez soit 8 mm en nylon, soit 5,5 mm en Kevlar ou Spectra (toujours avec un nœud de pêcheur).

3. Vous aurez besoin d'environ dix dégaines pour la plupart des voies équipées.

4. Vérifiez, à chaque pose, que la gachette du mousqueton soit bien fermée et que votre corde coulisse sans gêne dans le mousqueton. Il vaut mieux éviter que votre dégaine ne «twiste» quand vous montez.

5. Repérez et jetez (ou réparez!) tout mousqueton dont la gachette est grippée. Un mousqueton ne se lubrifie jamais (cela attirerait toute sorte de poussière). Jetez tout mousqueton tombé d'une voie (risque de micro-fissures dans l'alliage).

6. Remplacez toute dégaine ayant supporté le choc d'une chute importante. Vérifiez souvent leurs coutures. Comme votre corde, elles craignent le soleil, l'abrasion des rochers et les arêtes vives!

7. Portez un ou deux mousquetons dont la tête est d'un faible diamètre... en cas de mauvaise rencontre (vieille plaquette à trou de faible diamètre).

e) Mousqueton à vis

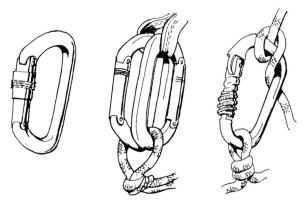

Il est très utile d'en posséder un par grimpeur. Il peut servir :
- pour l'attache d'un frein lors d'assurage ;
- pour l'assurage avec le nœud demi-cabestan (voir plus loin) ;
- pour l'attache d'un descendeur en rappel ;
- pour raccourcir la corde en terrain facile ;
- pour s'attacher lors d'un bivouac sur vire étroite.

Si vous n'en avez pas un et que vous en ayez besoin : deux mousquetons, portes opposées, peuvent le remplacer temporairement.

Il existe des mousquetons à vis avec une forme très ovale conçus spécialement pour l'assurage avec le demi-cabestan.

f) Descendeur/système d'assurage

Un descendeur en forme de «huit» offre une grande sécurité (utilisé avec un anneau de prussik) pour les descentes en rappel. Il existe plusieurs modèles, mais un conseil : exigez un modèle testé car le descendeur est l'un des rares éléments sur lequel il ne peut y avoir de deuxième sécurité (comme pour tout alliage fondu, il peut y avoir des défauts...).

Attention également à l'usure de l'aluminium par la corde (aidée par la poussière).

La question du frein dans l'assurage dynamique est discutée en détail au chapitre III. On peut proposer d'utiliser pour l'assurage, soit un descendeur en « huit » avec un mousqueton à vis, soit une plaquette-frein munie d'un mousqueton à vis.

g) Sangles (ou anneaux de cordelette)

Il est très utile d'en prévoir une ou deux puisqu'elle facilite la mise en place d'un relais ou l'auto-assurage lors d'une pose de moulinette. Elle permet également un assurage éventuel sur arbre, trou ou becquet de rocher. Elle améliore le coulissement de la corde d'un point d'assurage situé sous un toit, et peut même augmenter la stabilité de placement d'un coinceur. Quelques sangles supplémentaires se justifient donc, dans les voies non équipées.

En ce qui concerne leur taille : on prendra en général des sangles ou anneaux qui peuvent être portés sur le buste (circonférence typique de 1,2 m).

Qualité des anneaux : cordelette d'un diamètre égal ou supérieur à 7 mm (8 mm de préférence).

h) Anneau de prussik

Un anneau de cordelette de 5,5 mm de diamètre d'une circonférence de 70 cm est utile pour faire un nœud de prussik sur la corde (voir nœuds, plus loin) et assurer un rappel, tenir la corde lors d'une manœuvre en cas d'accident, la remonter en cas de chute sous un surplomb. Il faut que le diamètre de cordelette soit bien inférieur au diamètre d'une corde pour que le prussik tienne.

2. Vieillissement de la corde, du baudrier, des sangles...

Tout le matériel de varappe en nylon, polyamide, etc. est sujet à divers agents de vieillissement :
- exposition aux rayons U.V. du soleil ;
- exposition à la chaleur (exemple matériel posé dans une voiture au soleil) ;
- action chimique : acide de batterie..., de même les micro-organismes vivant avec l'humidité... ;
- abrasions sur le rocher, frottement sur les mousquetons, brûlures au freinage lors d'un rappel ou chute.

Difficile à mesurer, on pense que la résistance d'une corde est diminuée de moitié dans les premiers 100 jours d'utilisation. Ce qui ne veut pas dire qu'elle est bonne pour la retraite !

On pourra fixer une limite de 200 à 300 jours d'utilisation (4 à 5 ans) pour changer l'équipement en nylon, et bien entendu un changement plus fréquent si on grimpe beaucoup; «utilisation» comprenant les jours où la corde est simplement exposée au soleil. En plus, il est conseillé de changer de matériel après une chute «extrême» (facteur de chute de plus de 1,0, voir chap. III).

Pour les chutes moins sévères, ce n'est pas si clair, mais sans plus d'information on peut se faire une idée. Pour une corde, les chutes s'accumulent; si on considère que l'effet d'une chute dépend du choc subi, on peut tirer les conclusions suivantes :

Une corde neuve tiendra environ 5 chutes «extrêmes», donc on peut supposer qu'elle tiendra 10 chutes avec des chocs dune intensité 50% moins élevée.

Après 100 jours d'utilisation sans chute, elle devrait tenir 2 à 3 chutes «extrêmes», et donc environ 5 chutes de choc moitié moins sévère. A partir de là on trouve vite la limite raisonnable de 200 à 300 jours...

Le critère de vieillissement est plus difficile à déterminer pour les sangles, les cordelettes, le baudrier, car ils ne sont pas exactement du matériel «multi-chutes» et le choc est toujours bien localisé. Il ne faut pas être fanatique, mais prudent...

3. Organisation et portage du matériel

Pour se libérer de tout problème et minimiser les risques de chute, il est utile d'avoir une organisation personnelle de son matériel rangé sur le cuissard, par exemple arrangement des mousquetons portes ouvrant dans le même sens. L'escalade devient beaucoup plus agréable si l'on ne perd pas de temps à chercher le bon coinceur, anneau, etc.

Le portage des sangles dépend de l'escalade envisagée. Beaucoup d'arbres ou de becquets de rocher : on porte les anneaux sur le buste; beaucoup de coinceurs à mettre, ou pitons en place : on les porte avec les mousquetons déjà prêts. Surtout, on ne les porte jamais sur le cou sans y mettre un bras dedans... à noter qu'il faut laisser au moins une **sangie** disponible sur le baudrier au cas où une position délicate vous empêche de libérer une sangle placée sur le buste.

Le portage des crochets gouttes d'eau est facilité s'ils sont introduits dans une poche, ce qui évite (on espère...) qu'ils s'accrochent n'importe où et n'importe quand.

Pour l'escalade très technique, le matériel doit être préparé au mieux avant le passage (ceci peut aller jusqu'au portage, dans les dents, d'un coinceur sélectionné, déjà équipé d'une sangle et mousqueton).

Cette notion d'organisation est très importante au niveau du relais. On gagnera beaucoup de temps, avec moins de risque d'erreur, si les relais sont préparés chaque fois de la même manière. D'où l'intérêt également de toujours ranger frein en «huit» et mousqueton à vis sur le même point du baudrier.

Trois remarques en plus :
- Au début d'une voie il faut vérifier qu'il n'y a pas de nœud sur la corde, avant le départ du premier...
- Pour éviter des difficultés dans la manipulation de la corde (type nœuds), il est conseillé de la laisser tomber au hasard près du relais (avec le bout du premier de cordée en haut). Ceci introduira moins de nœuds que de la poser en anneaux.
- Il est conseillé que le premier de cordée consacre un instant à réorganiser son matériel (coinceurs, mousquetons, etc.) avant de repartir pour chaque longueur.

4. Nœuds utiles

Il existe un univers de nœuds possibles, même pratiques, mais un varappeur peut tout faire avec quelques-uns. Notre but : simplicité et sécurité. Le grimpeur doit bien connaître ses nœuds, les faire automatiquement, sans y penser. Il faut souligner que tous les nœuds affaiblissent corde, cordelette ou sangle : normalement, une corde avec nœud tient 45 à 55% de sa valeur sans nœud. Certains sont plus «cassants» que d'autres.

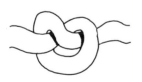

NŒUD "SIMPLE"

"QUEUE DE VACHE"

Nœud «en huit»

Nœud «à tout faire», moins cassant que le nœud «queue de vache» (sa rupture est à 55% de la résistance de la corde au lieu de 50%), et plus facile à desserrer après un choc. Il peut servir : comme nœud d'attache au baudrier, nœud d'attache au relais, nœud pour relier deux cordes lors d'un long rappel. Dans ce dernier cas, il est conseillé d'ajouter, en plus, des nœuds simples ou nœuds de pêcheur sur les deux brins.

NŒUD D'ATTACHE SUR LE BAUDRIER

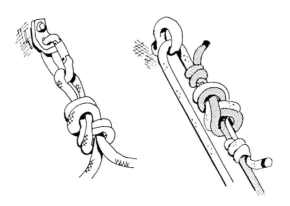

NŒUD D'ATTACHE AU RELAIS *NŒUD POUR RELIER DEUX CORDES (RAPPEL)*

Nœud de pêcheur (double)

Le meilleur nœud pour aménager des anneaux de cordelette (par exemple pour les coinceurs) : il est difficile à défaire une fois serré et prend peu de place. Il est moins cassant que le nœud en huit. Pour réaliser un tel nœud, prévoir sur chaque brin : 27 cm pour une cordelette de 9 mm de diamètre, 21 cm pour une de 7 mm et 15 cm pour une de 5 mm.

NŒUD DE "PÊCHEUR" : ANNEAUX DE CORDELETTE... COINCEURS...

Une variante est souvent utilisée comme nœud d'attache au baudrier (demi-nœud de pêcheur) en raison de sa fiabilité, malgré la difficulté de le desserrer après une chute et sa baisse de résistance d'environ 18% par rapport au nœud en huit.

NOEUD D'ATTACHE
SUR LE BAUDRIER
(ALTERNATIVE)

"DEMI-NOEUD DE PÊCHEUR"

Nœud de sangle (nœud «américain»)

Seul nœud à utiliser pour confectionner des anneaux de sangle (plate ou tubulaire), malgré sa rupture à 45% de la résistance de la sangle. En général difficile à défaire, mais comme tout nœud, il vaut mieux le vérifier de temps en temps... et laisser libre (voire scotchés) environ 5 centimètres de sangle après le nœud. Pour faire ce nœud dans une sangle de 30 mm de largeur, prévoir 22 cm de sangle sur chaque brin.

NOEUD DE SANGLE (AMÉRICAIN)

Nœud de prussik

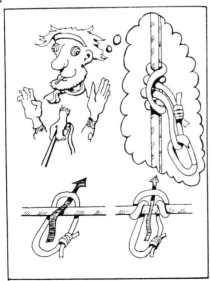

"PRUSIK" :

NOEUD
AUTO-BLOQUANT

Bien qu'il existe plusieurs nœuds, on préfère celui-ci pour deux raisons :
1. Il est facile à faire sans erreur, même avec une seule main.
2. Il tient dans les deux sens de la corde (ceci peut un jour se révéler important).

Il sert à assurer plusieurs opérations sur la corde, type rappel, montée en jumars, troisième main en cas d'accident, etc.

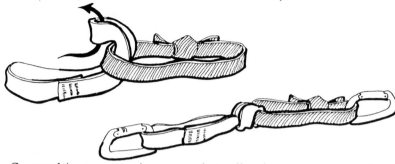

Ce nœud (avec un tour) peut servir à relier deux anneaux-sangles ou à installer une sangle sur un piton ou sur un arbre...

POUR LA "GRIMPE" IL NE FAUT PAS GRAND CHOSE : UN PEU DE MATOS, MAIS DES TRUCS SIMPLES ET SOLIDES...

Descente en moulinette après une soirée de travail dans un mur déversant.
Photo : John Rander.

Escalade urbaine à la Loubière (Monaco) dans les Passagers du Vent. *Photo : Romain Vogler.*

II. L'escalade en falaise

1. Sites d'escalade

Où peut-on grimper?

L'Europe est riche en sites d'escalade, principalement en rocher calcaire. Sur la carte de France (ci-dessous), nous avons indiqué une trentaine d'écoles ou falaises de qualité exceptionnelle, et décrites dans des livres-guides. Un grand nombre d'écoles présentent des voies limitées à une quarantaine de mètres de hauteur, mais leur raideur, la qualité du rocher, le nombre de voies équipées, et souvent le cadre, recommandent une visite. Une liste très détaillée est présentée dans le livre du CO.SI.ROC. («Guide des sites naturels d'escalade de France» de D. Taupin).

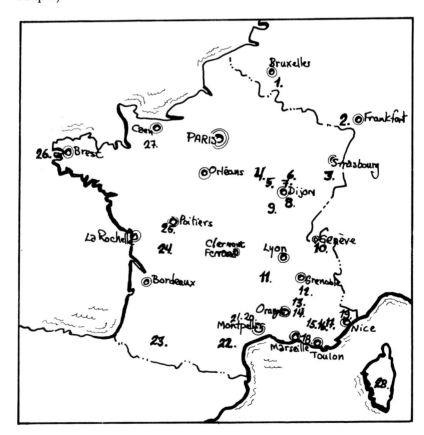

LISTE DE SITES D'ESCALADE

1. Freyr (C), *Belgique*
2. Palatinat (g), *Allemagne*
3. Martinswand (G), *Colmar*
4. Surgy (C), *Auxerre*
5. Saussois (C), *Auxerre*
6. Haute Roche (C), *Dijon*
7. Saffres (C), *Dijon*
8. Fixin (C), *Dijon*
9. Cormot (C), *Beaune*
10. Salève (C), *Genève*
11. Chamalières-sur-Loire (G), *Puy*
12. Presles (C), *Vercors*
13. Buis-les-Baronnies (C), *Carpentras/Orange*
14. Dentelles-de-Montmirail (C), *Carpentras/Orange*
15. Buoux (C), *Aix-en-Provence*
16. Deux Aiguilles/Sainte-Victoire (C), *Aix-en-Provence*
17. Verdon (C), *Moustiers*
18. Calanques (C), *Cassis*
19. Baou de Saint-Jeannet (C), *Nice*
20. Pic Saint-Loup/Hortus (C), *Montpellier*
21. Taurac (C), *Montpellier*
22. Caroux (G), *Bédarieux*
23. Rochers d'Anglas (C), *Arudy/Pau*
24. Les Eaux Claires (C), *Angoulême*
25. Beauvoir (C), *Poitiers*
26. Pen-Hir (G), *Crozon-Brest*
27. Clécy (P), *Caen*
28. Bavella (G), *Corse*

(C) = calcaire - (G) = granit - (g) = grès et (P) = poudinge.

Cette liste n'est pas exhaustive et n'inclut pas les centres d'escalade en montagne; néanmoins il y a, là aussi, de nombreuses possibilités de pratiquer le même type d'escalade. On voit aujourd'hui de plus en plus d'escalade technique, style varappe, même en altitude sur les faces exposées au soleil : les piolets, crampons et chaussures de montagne laissés au fond de la voie (ou hissés dans le sac).

Une cotation des difficultés, plus ou moins uniforme partout, permet de voyager d'une région à l'autre sans se trouver devant de fâcheuses surprises.

Bref, il y a de quoi faire!

2. Utilisation des livres-guides

Il y a deux types de livres-guides sur le marché : les livres-guides consacrés à une seule falaise, énonçant toutes les voies du «coin», et les livres présentant une sélection (avec photos) des «meilleures» voies d'une région. En général, les livres de la première catégorie sont plus informatifs et souvent plus exacts; par contre les livres «meilleures voies» sont très utiles pour se faire une idée des possibilités et qualités des falaises d'une région, et pour connaître les voies classiques (à éviter le «week-end»...).

La description d'une voie dans un livre-guide inclut généralement toute l'information essentielle pour l'ascension, mais autorise tout de même la «découverte» de la voie par la cordée. Ces deux aspects complémentaires exigent parfois des compromis difficiles.

Que trouve-t-on dans la description d'une voie :
- Disposition de la voie (sans ambiguïté).
- Cotation du passage le plus dur, techniquement, avec remarque s'il est soutenu. (Éventuellement des passages «tire-clous» si tout n'est pas en libre.)
- Information sur l'assurage : passages «expo», équivalant à dire «difficile de s'assurer» ou «rocher compact, peu de pitons...», et aussi information particulière, type «il faut porter des gros coinceurs (friends 3 à 4)».
- Une indication sur la qualité du rocher : «rocher délité dans les dernières longueurs» ou «rocher excellent». On pourra même ajouter une étoile si la voie présente un attrait exceptionnel...

Néanmoins, prenez tout renseignement avec une certaine réserve; votre sécurité en dépend.

a) Cotation des passages

Il existe dans chaque pays un système de cotation des difficultés techniques, généralement une cotation pour l'escalade «en libre» et une cotation pour la progression par moyens artificiels. Ces cotations sont «objectives» dans la limite du possible, et donneront une idée comparative des difficultés dans les voies d'une région. Néanmoins, on peut trouver certains passages plus ou moins faciles que d'autres, ayant la même cotation, cela pour des raisons de familiarité avec un type d'escalade, son ampleur, l'aspect athlétique, etc.

Il faut ici signaler que la cotation d'escalade en artif est basée sur la notion de qualité des points de progression et non sur l'aspect «athlétique» de l'escalade. Ainsi, un toit gravi en artif sur des pitons solides est moins «coté» qu'une dalle faite sur des petits pitons à lame. (Cette notion devient parfois un peu floue pour des passages déjà équipés.)

PROGRESSION «EN LIBRE» - COTATION DES DIFFICULTÉS

1. Facile (F)	Progression avec les mains et les pieds.
2. Peu difficile (PD)	Escalade simple, besoin de chaussures correctes (de montagne ou varappe).
3. Assez difficile (AD)	Escalade demandant l'utilisation d'une corde pour l'assurage, mais les prises sont bonnes.
4. Difficile (D)	Escalade classique mais déjà technique, les passages clés sont souvent assurés avec pitons et coinceurs.
5. Très difficile (TD)	Escalade fine demandant une bonne technique, passages généralement assurés avec pitons ou coinceurs, chaussons d'escalade très utiles.
6. Extrêmement difficile (ED)	Escalade de haut niveau, comportant souvent des problèmes dans l'enchaînement des mouvements, demandant à la fois de la techni-

7,8. Abominablement affreuse... (ABO) que et une forte concentration, chaussons «obligatoires». Escalade «extrême», grand risque de chutes dans les passages, voies parfois «travaillées» avec de multi-chutes, chaussons sélectionnés pour un type de rocher, de prises, etc.

Souvent on ajoute une cotation supplémentaire pour la difficulté ou l'engagement global dans une voie. Ceci est utile pour séparer les voies hétérogènes dans leur niveau, ou courtes, mais la tendance est de relier ceci avec la cotation technique : par exemple une voie D («difficile») peut avoir généralement des passages de 4, mais on peut aussi trouver quelques pas de 5. En Amérique (exemple Yosémite) on trouve cette deuxième cotation dans la notion de durée d'une voie : «Grade I» (une à quelques heures) jusqu'au «Grade VI» (voie de grande envergure, plusieurs bivouacs...); voir VII (ascensions de grandes faces de haut niveau en Himalaya).

Échelles comparatives de difficulté en escalade

France		UIAA	États-Unis	Grande-Bretagne
falaise	bloc	montagne RFA - Suisse		
5a	4a	V	5.7	4b
5b	4b	V+	5.8	4c
5c	4c	VI-	5.9	5a
		VI		
6a	5a	VI+	5.10a-b	5b
6b	5b	VII-/VII	5.10c-d	5c
6c	5c	VII+	5.11a-b	
		VII-		6a
7a	6a	VIII	5.11c-d	
7b	6b	VIII+/IX-	5.12a-b	6b
7c	6c	IX	5.12c-5.13a	6c
		IX+		
8a	7a	X-	5.13b-c	7a
8b	7b	X	5.13d	
8c	7c	X+	5.14a	7b

b) Lecture des «topos»

L'information sur une voie est souvent présentée sous forme de schéma ou croquis. Heureusement, la plupart des symboles sont acceptés universellement aujourd'hui, donnant une forte utilité aux livres-guides même en langues étrangères (en vacances lointaines...). Pour donner une

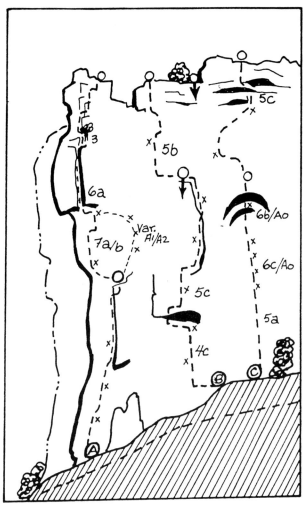
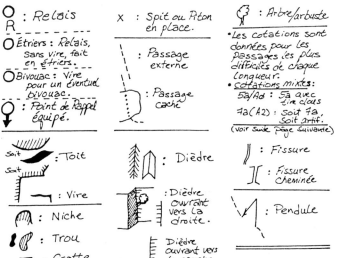

idée, un «topo» est présenté avec une liste explicative des symboles utilisés (voir ci-contre).

3. Notions d'escalade en moulinette

Votre première rencontre avec le rocher sera peut-être par cette méthode, d'assurage par le haut. Son principe est simple : la corde, posée depuis le haut d'une voie, coulisse dans un maillon rapide (ou mousqueton à vis) relié au(x) point(s) d'attache du rocher. Le grimpeur s'attache au bout d'un brin tandis que son ami l'assure sur l'autre au moyen d'un frein attaché à son baudrier (voir chapitre III pour techniques de freinage).

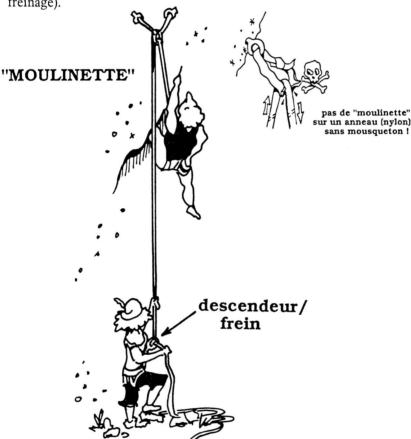

"MOULINETTE"

pas de "moulinette" sur un anneau (nylon) sans mousqueton !

descendeur/ frein

Quelques points sont à respecter :
— **Jamais de moulinette sur autre chose qu'un anneau métallique** par risque de brûlure puis rupture d'un anneau ou sangle en nylon. Sa résistance doit, de plus, être supérieure à 500 kg.
— Attention aux arêtes vives (risque de sectionnement de la corde) et aux chutes de pierres que vous pourriez provoquer.
— Réduire le risque d'un grand pendule par la pose de dégaines dans les traversées.

4. Notions d'escalade autonome

Le déroulement en falaise de l'escalade en cordée est relativement simple et quelque peu différent de celui en montagne. La difficulté des voies et leur durée, généralement courte, justifient un assurage systématique par des relais «ancrés» sur la falaise :
1. Le premier de cordée escalade assuré depuis le bas par le deuxième au relais. En montant il attache sa corde par les mousquetons aux points d'assurage (pitons en place, coinceurs posés par lui-même, etc.) fixés dans le rocher.
2. Le premier termine sa «longueur», par exemple sur une vire 30 à 40 mètres au-dessus du relais précédent, et s'attache aux ancrages (pitons, coinceurs, arbre, etc.) d'un nouveau relais.
3. Ensuite, le deuxième grimpe, assuré par le premier depuis le nouveau relais, et récupère le matériel posé.
4. Si la voie est plus longue, toutes ces étapes se répètent dès que le deuxième est attaché aux ancrages du nouveau relais.

Deux petites variations sont possibles :
Une cordée de trois peut utiliser le même cycle, mais les deuxième et troisième de cordée grimpent ensemble «en flèche», les deux assurés par le premier au relais en haut. Ceci demande un certain jugement pour les passages difficiles...

Disposition type des éléments du système d'assurage. Dans ce livre on citera plus souvent le dernier point d'assurage comme «point principal» (communément appelé «point de renvoi»), car c'est celui qui tiendra la plus grande partie du choc d'une chute éventuelle.

Une cordée de deux peut grimper en « réversible » : dans ce cas les rôles « premier » et « deuxième » sont interchangés à chaque nouvelle longueur (ou, dans les longues courses, au bout de 5 ou 6 longueurs).

Dans une grande voie les « longueurs » s'enchaînent dans la journée. Mais à aucun instant l'un des grimpeurs ne se déplace sans être assuré par l'autre.

Quelques conseils :

L'encordement
Après avoir enfilé son baudrier, bien vérifier les boucles de fermeture. Contrôler l'attache de la corde sur soi et sur le deuxième, car les nœuds faits à moitié, suite à un manque d'attention, on en a déjà vu (discussion politique, football, femmes...). Le matériel doit être proprement ordonné (ce qui évite par exemple la situation où les anneaux se trouvent sous les coinceurs...).

Rangez vos bagues (bon coinceurs !), montre, etc. dans la poche.
Vérifiez le moyen de freinage utilisé par le deuxième (voir chap. III). Éparpillez la corde en vérifiant l'absence de nœud et en s'assurant que le brin du premier se trouve en haut de l'empilage.

Dans la voie
Étudiez chaque passage à l'avance, prévoir l'équipement nécessaire et repérez au mieux les points de repos. Cette méthode vous apportera un avantage mental. Vérifiez que, pour chaque point d'assurage, la corde coulisse correctement. On souligne ici l'importance d'un point d'assurage dans les cinq premiers mètres.

En haut d'une voie
Attention, à la sortie d'une voie, aux petites pierres bordant la falaise (prévenir le deuxième). Cherchez un point de relais solide et stable (ce ne sont pas toujours les gros blocs...). Remontez la corde avec prudence pour que celle-ci n'entraîne pas de chute de pierres.

La descente
Elle se fera généralement en rappels (voir chapitre VII), mais méfiance : en plus de leur caractère dangereux, ils se révèlent souvent plus longs qu'un simple détour par un chemin de descente.

5. Techniques d'escalade avancée

La plupart des techniques d'escalade sont naturelles et proviennent du répertoire « intrinsèque » de l'homme. Le meilleur exemple en est donné par les enfants. Néanmoins, à partir d'un certain niveau, les gestes deviennent plus étudiés, et présentent plus de difficultés dans leur exécution et leur enchaînement. Certains types d'escalade (fissures en particulier) demandent même une utilisation inhabituelle des éléments du corps. Dans les pages suivantes vous trouverez quelques astuces de l'escalade «avancée». La liste est loin d'être complète et devrait vous servir comme source d'inspiration, car souvent une simple idée est utilisée dans plusieurs situations analogues. Nous avons mis l'accent sur la technique des fissures, technique souvent ignorée lors d'un entraînement en blocs et tout à fait inconnue au débutant.

Quelques idées générales :
Pour économiser sa force, le grimpeur de haut niveau utilise plusieurs astuces :
1. Il limite la durée de chaque traction (si possible, inférieure à 15 secondes) pour éviter la production inutile d'acide lactique dans ses muscles.
2. Il essaye d'utiliser au maximum ses articulations, tendons et ligaments pour les tractions, plutôt que les muscles des bras. De ce fait, il utilise davantage ses jambes en gardant les bras en pleine extension (par exemple : «monkey-hang», la «traction de singe»).

"MONKEY-HANG"

3. Il préfère un mouvement d'appui ou même mieux de balance pour éviter une traction «tire-bras» inutile.

OUI!   NON!

PROBLÈME DE POSITIONNEMENT DU POIDS ...

4. Il maîtrise ses mouvements pour mieux diriger l'effet de son poids vers ses pieds dans la façon dont il a besoin pour profiter au mieux de l'adhérence de ses chaussons.

Pour améliorer la tenue des nouvelles semelles tendres, «super-adhérentes», sur un petit gratton, on utilise l'astuce du «smear» en posant le pied en rotation. Le twist obtenu augmente ainsi la quantité de caoutchouc en contact avec le rocher.

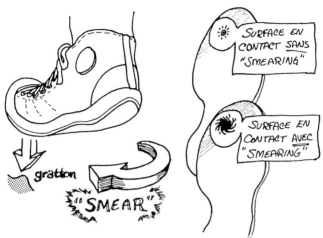

5. Le grimpeur attiré par le défi des fissures étroites et incommodes (7 ou 5.12...) peut parfois doubler les coincements en utilisant les mains ou les jambes comme des coinceurs posés ensemble (chap. V, § 2). La progression dans ce style particulier demandera beaucoup d'entraînement préalable puisqu'il faudra savoir libérer alternativement les deux mains ou les deux jambes.

Exemples d'une astucieuse maîtrise du poids...

PRISES INVERSÉES

ESCALADE D'UNE FISSURE EN "DÜLFER"

ESCALADE D'UN DIÈDRE...

Efficacité dans l'utilisation des prises :

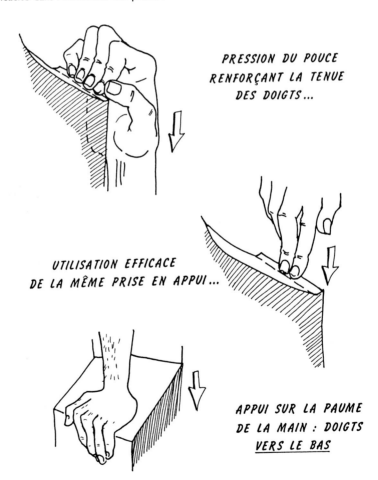

PRESSION DU POUCE RENFORÇANT LA TENUE DES DOIGTS...

UTILISATION EFFICACE DE LA MÊME PRISE EN APPUI...

APPUI SUR LA PAUME DE LA MAIN : DOIGTS <u>VERS LE BAS</u>

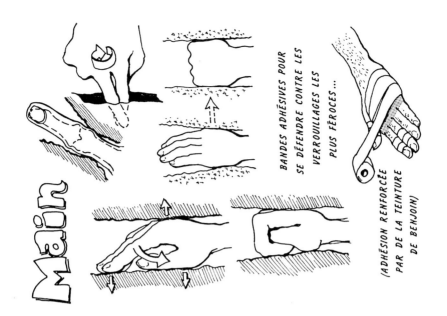

Coincement : main.

Coincement : bras.

Coincement : pied.

Coincement : jambe, etc.

6. Entraînement

La préparation d'un varappeur, envisageant de gravir des voies difficiles, est composée de cinq parties, toutes complémentaires :
1. Entraînement physique de base (à noter que chaque effort physique doit être précédé d'un échauffement correct) :
• Footing (cross), vélo, natation, etc. à vitesse moyenne pour endurance (au moins 45 minutes par session); essayez de varier les plaisirs!
• Musculation de type général (supervisée au début), orientation «puissance» et «résistance», principalement des doigts, bras et avant-bras, épaules, dos et abdominaux. Deux séances par semaine (avant la saison d'escalade):
 - «puissance» : charge lourde (70 à 85% de sa capacité maximale) à vitesse rapide. Six séries de 5 à 8 répétitions chacune avec une pause de 5 minutes environ entre chaque série (le temps de quelques étirements/assouplissements);

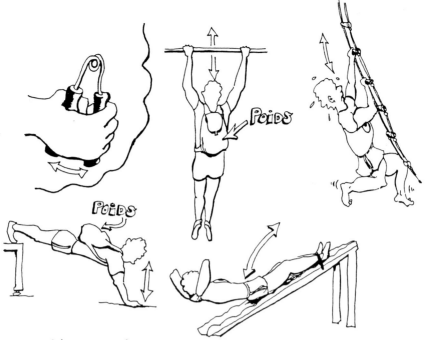

- « résistance » : charge moyenne (40 à 60% de sa capacité maximale) à vitesse rapide. Six séries de 15 à 20 répétitions chacune avec de courts repos d'une minute environ entre chaque série.
• Gymnastique englobant barre fixe, anneaux, travail sur l'équilibre et l'assouplissement (peut-être l'activité la plus importante dans la préparation d'un grimpeur). Les étirements (« stretching ») sont très importants.

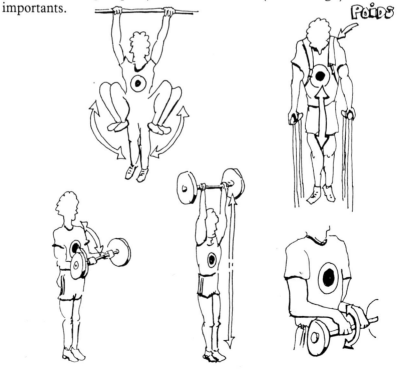

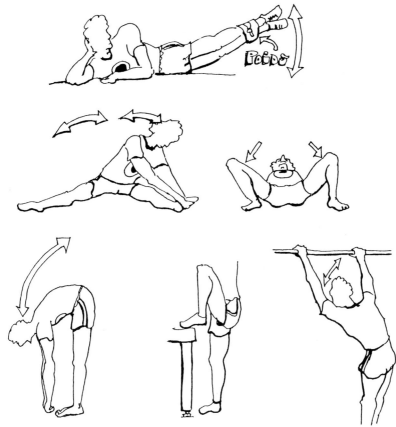

2. Entraînement d'escalade dans les blocs :
   Il réunit travail en technique et en résistance en évitant au possible la mémorisation des passages. Vous devez rechercher, travailler et résoudre vos points de faiblesse : fissures, dalles, ou...?
3. Entraînement en falaise :
   Grimpez! La meilleure chose est peut-être de grimper avec un copain (copine) d'un niveau plus ou moins comparable au vôtre pour assurer un réversible. Ainsi, votre niveau augmentera très vite! (En général, il n'est pas indiqué de suivre un copain qui s'attaque à des voies trop limites pour vous.) Essayez et répétez toutes sortes de voies et techniques (rappels, même de l'artif...).
4. Entraînement «mental» :
   • Apprendre toute technique et essayer de comprendre.
   • Exercice de concentration et mémorisation : type yoga, «méditation» sportive, etc. qui permettront une concentration totale sur vos gestes et une mémorisation des mouvements à faire dans un passage.
5. Repos et alimentation :
   Comme dans tout sport «intense», pensez à votre corps. Il a besoin de jours de repos, de sommeil, de bonne «bouffe» constituée, en outre, de protéines diverses et bien équilibrée en sels minéraux et en vitamines (en fait, mangez varié et sans exagération). Pendant le sport, n'oubliez pas eau, sels minéraux et sucres.

Une chute sans conséquence dans le toit de l'Amour Déçu. Photo : Romain Vogler.

Escalade de blocs (Fontainebleau) : entraînement... mais aussi un sport... Photo : Brigitte Rander.

III. Les chutes (techniques d'assurage)

Sur une paroi, le premier de cordée s'arrête, le pied reposant sur une petite prise. Il pose une dégaine et mousquetonne la corde. « Le prochain passage me semble très intéressant », lance-t-il à son deuxième ancré au relais sur une vire une trentaine de mètres en dessous. La paroi est raide ; il y a du « gaz ». Sous le premier, la corde passe par deux pitons assez éloignés l'un de l'autre.

Il tente le passage...

« M...! Dévissé ! »

Une seconde de voltige... il est arrêté quatre mètres en dessous. Le spit a tenu sa chute, aidé par le deuxième qui assurait et qui n'a perçu qu'une légère secousse.

« Ça va ? » C'est du passé, ils rigolent. « Ce n'est pas la forme aujourd'hui ? »

« Eh bien... au moins le spit a tenu... »

Une chute, consécutive à l'erreur du grimpeur, peut être contrôlée par un système d'assurage supervisé par l'effort d'un grimpeur-freineur au relais. Dans ce chapitre nous regardons d'abord les techniques de freinage à utiliser et ensuite les aspects de fonctionnement du système. Mais, avant de présenter le système d'assurage en détail, on peut étudier la situation d'une chute, car elle illustre bien le problème.

1. La situation de chute

En réalité il y a trois types de chute qui nous intéressent :
1. Chute du premier sans aucun piton ni coinceur intermédiaire entre lui et le relais.
2. Chute du premier avec un (ou plusieurs) point(s) d'assurage entre lui et le relais.

Dans les deux cas, le premier tombe d'au moins deux fois la hauteur parcourue au-dessus du dernier point fixe (relais, piton, coinceur, ou...?). A l'évidence, le premier type de chute est grave. Le premier tombe en-dessous du relais (si celui-ci n'est pas sur terre...) avec même le risque de l'arracher. Le deuxième cas est plus ou moins grave en fonction du freinage au relais et de la disposition des points d'assurage.

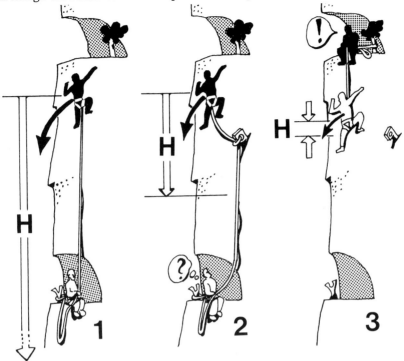

3. Chute d'un grimpeur assuré depuis le haut, ou en moulinette.

Elle est en général beaucoup moins grave. Sa hauteur elle-même est limitée : soit par le mou éventuel, soit par l'allongement de la corde sous le poids du grimpeur (environ 6% de la longueur de corde entre lui et le relais).

Par contre, il peut exister des situations particulières où le grimpeur tombe lors d'une traversée. Dans ce cas, on revient à une situation analogue à la chute d'un premier.

Le problème est posé : comment peut-on tenir le choc d'une chute et réussir à l'arrêter sans trop augmenter la hauteur totale de chute?

2. Le système d'assurage

Le système d'assurage est composé de trois parties complémentaires :

1. Une corde « élastique » permettant à la fois de limiter la hauteur d'une chute et d'amortir le choc par allongement.
2. Les points d'assurage équipés de mousquetons permettant de limiter la hauteur de chute et à la fois de réduire le choc au relais par frottement de la corde sur les mousquetons.
3. Un « frein » au relais, permettant au deuxième de supporter le choc et de dissiper l'énergie en chaleur de frottement, par coulissement de la corde lors du freinage.

Mis à part le choix de l'emplacement du relais et la pose des points d'assurage, l'essentiel du contrôle et la responsabilité de l'assurage incombent au deuxième de cordée au relais. Dans les sections suivantes, on étudiera son rôle en détail.

3. Le freinage au relais

Comment peut-on garantir un freinage suffisant au relais ? L'idée est simple, et peut être comparée au freinage exercé par les freins d'un vélo. Un système mécaniquement simple permet un faible effort pour développer un freinage important sur la corde qui coulisse dans le frein.

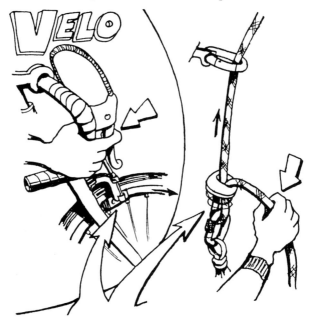

Mais, pour obtenir la meilleure efficacité de freinage possible, il faut que le deuxième et le frein soient ancrés solidement pour éviter toute situation où le freinage est limité par le poids du deuxième.
Il faut :
- Au minimum, deux points d'ancrage pour le relais.
- Une distance d'attache relativement courte entre les ancrages et le deuxième. Attention aux éminences de rocher et au vide en raison du risque de déplacement.

Il est très important de prévoir quelle serait la situation du deuxième lors d'une chute du premier. Ceci est primordial pour les points d'attache, et permet de comprendre pourquoi on utilise rarement des coinceurs pour faire un relais : le sens du choc peut être prévu vers le premier point d'assurage, mais si celui-ci est arraché, le sens peut varier, même vers le bas...

De plus, il faut s'assurer que le choc soit transféré aux ancrages et non au deuxième (voir dessin).

L'efficacité de freinage du relais sera au moins deux fois plus importante avec un point d'assurage entre le premier et le relais.
Ainsi, il est fortement conseillé de placer un point d'assurage près du relais (2 à 5 m).

Le relais et le deuxième :
La disposition au relais est presque identique pour chaque type de frein utilisé et peut être présentée sommairement :

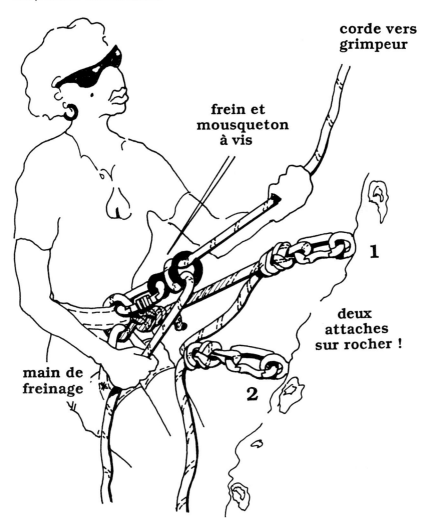

Dans chaque cas, le deuxième résistera au choc d'une chute avec la main de freinage sur la corde. La corde ne doit pas coulisser dans cette main; c'est plutôt celle-ci qui sera tirée vers le frein. Il y aura éventuellement un grand coulissement de corde lors d'une chute sévère, donc attention aux brûlures de la main qui risqueront de faire perdre le contrôle du freinage.

QUELQUES CONSEILS TECHNIQUES :

1. Le moyen de freinage doit être simple, solide, bien compris. (Attention aux vêtements, cheveux, etc. qui peuvent s'engouffrer dans le frein.)
2. *La main de freinage ne doit jamais quitter la corde.* Toute manipulation de la corde devrait être faite en faisant coulisser la main sur celle-ci. (La main d'assistance, qui est libre, peut servir à toute autre nécessité.)
3. Surveiller les mouvements du premier. Si celui-ci n'est pas visible, on surveillera le coulissement de la corde. Attention : ne pas laisser plus de mou que celui nécessaire au mouvement du premier.
4. Si une chute arrive, *il faut la tenir*. Pour obtenir plus de freinage (environ 4 fois plus), on peut toujours passer la corde sous une cuisse... (attention aux «shorts» ou maillots de bain...). Ceci est valable pour tous les moyens de freinage.

---

4. Situation et méthode de freinage

Il y a trois façons de situer le freinage :
- Assurage directement sur le corps.
- Assurage avec un frein attaché au baudrier.
- Assurage avec un frein attaché à l'un des points d'ancrage du relais.

a) L'assurage sous les fesses (méthode de fortune)

L'assurage **sous les fesses** est le seul moyen de freinage *sur le corps* qui permette une force suffisante pour arrêter une chute du premier; le bassin peut, en effet, encaisser beaucoup d'énergie sans blessure. Cette méthode reste simple et rapide, et, bien que la force de freinage seule

soit faible (environ 70 kg), elle peut être suffisante avec l'effet de frottement sur les points d'assurage et sur le rocher. Nous déconseillons son usage en faveur de méthodes plus sûres.

Malgré sa simplicité, il faut faire attention aux attaches, par un risque de retournement du deuxième sous un fort choc. Pour s'assurer que ce choc va être transféré aux attaches du relais, il faut que le deuxième soit attaché par le dos de son baudrier (anneau de cordelette de 9 mm par exemple).

Pour cet assurage, l'erreur typique à éviter est de passer la corde au-dessus de l'attache du dos. Ceci aurait pour effets : un choc conséquent sur les reins et un risque de sectionner la cordelette d'attache par frottement de la corde.

Pour éviter de lâcher l'assurage on peut passer la corde dans un mousqueton sur le baudrier (côté main d'assistance).

La position du deuxième au relais peut être choisie de manière à diminuer l'impact d'un choc :

b) L'assurage avec **frein posé sur baudrier : à conseiller**

Aujourd'hui l'utilisation d'un frein a largement déclassé l'assurage sur le corps, la force de freinage étant plus importante et plus facile à dominer.

La technique est simple : on incorpore un des divers freins choisis (voir page suivante) sur le point d'attache du baudrier et on l'utilise de la même manière que l'assurage sous les fesses. Mais attention au sens de déplacement du corps sous le choc, l'attache du baudrier étant haute et sur l'avant.

Avantage de ce système comme de celui du relais sous les fesses : absorption du choc par le corps et par le léger déplacement du deuxième.

Choix du frein

L'ensemble des méthodes de freinage efficaces et robustes est présenté dans les dessins ci-dessous et dans la table comparative (voir plus loin).

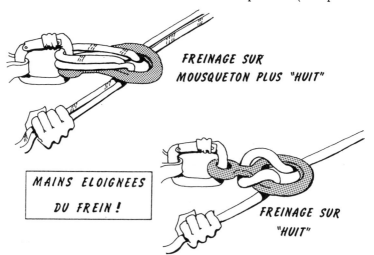

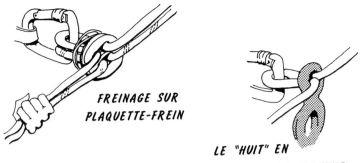

FREINAGE SUR PLAQUETTE-FREIN

LE "HUIT" EN PLAQUETTE-FREIN DE FORTUNE...

Lors d'arrêt d'une chute avec la plaquette-frein ou descendeur en huit (dans les trois positions possibles), le freinage maximal est obtenu en écartant les mains.

Si vous grimpez avec une corde simple et utilisez peu de points d'assurage (mais solides) ou si vous êtes «débutant en falaise», assurez une chute éventuelle soit avec une plaquette-frein en freinage maximal soit directement sur un descendeur en huit. Par contre, si vous utilisez une corde double, ou si vous faites des voies avec de nombreux points d'assurage (parfois douteux, exemple petits coinceurs), il vaut mieux un assurage un peu moins sec sur la plaquette-frein en freinage moyen ou sur mousqueton plus huit (voir dessin).

Dans tous les cas : mousqueton à vis obligatoire !

Emplacement du frein :

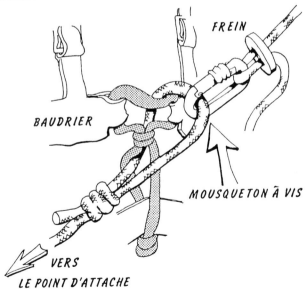

c) L'assurage avec frein sur un point d'ancrage du relais :

Il est généralement plus rapide et plus pratique d'assurer l'escalade du deuxième avec un relais sur clous, ceci parce qu'il est plus simple d'avaler la corde, et parce que le premier peut donner un assurage très sec rassurant pour le deuxième (surtout pendant la récupération du matériel dans la voie). Par contre, l'assurage d'un premier sur piton est moins utilisé car le choc d'arrêt est trop élevé. (Mais dans le rare cas où il n'y a pas de point d'assurage pour le premier dans le passage, ou si tous ont été arrachés dans la chute, le demi-cabestan sur clous est probablement le seul freinage qui arrêtera la chute avant la fin de corde...)

L'assurage directement sur un des points d'ancrage est fait soit avec un demi-cabestan, soit avec un descendeur en « huit » (très rapide à poser).

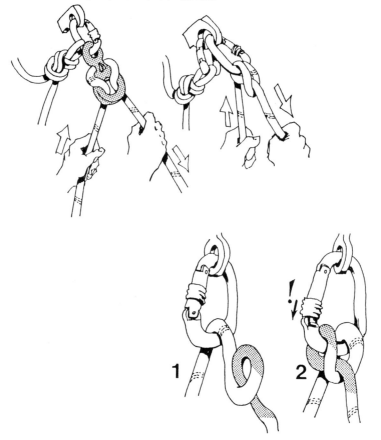

ASSURAGE DU DEUXIÈME GRIMPEUR SUR UN PITON DU RELAIS :

DEMI-CABESTAN : NŒUD DE FREINAGE

5. Fonctionnement du système d'assurage

Dans cette section, nous regardons plus en détail l'ensemble du système d'assurage lors d'une chute. Le but est de comprendre l'importance du choc sur les éléments d'assurage et de découvrir les possibilités de le contrôler.

NOTE TECHNIQUE

Table comparative des méthodes de freinage

Méthode	Force de freinage (kg)		Commentaire
	Sans point d'assurage	Avec un point d'ass.	
Mousqueton plus huit	80 - 100	160 - 200	Très dynamique, rapide
Descendeur en huit	120 - 140	220 - 280	Dynamique, moins facile de donner du mou, bon pour l'assurage du deuxième sur clous.
Plaquette-frein	130 - 200	260 - 400	Dynamique, excellente maniabilité.
Demi-cabestan	150 - 300	300 - 600	Simple, peu dynamique, difficile de donner du mou, bon pour l'assurage du deuxième sur clous.

Deuxième ancré au relais, force de la main de freinage : 15 kg.

Votre système d'assurage « dynamique » est en rodage : entraînez-vous (il y a peu de risque avec un faible « facteur de chute », voir § 6).

a) Durée d'une chute

La première notion est celle de la durée d'une chute : tout se passe très vite... Le temps pour réagir est très court : la chute libre dure une seconde pour un vol de cinq mètres et, en deux secondes, vingt mètres ont été parcourus (voir table ci-dessous). Le temps d'arrêt d'une chute, aussi bref, peut varier entre 0,3 et 0,9 seconde en fonction du freinage utilisé.

DURÉE D'UNE CHUTE LIBRE

Hauteur de vol (mètres)	Durée (secondes)
1,25	0,5
5	1
20	2
80	4

Pour qu'un système d'assurage fonctionne correctement durant ce temps limité, il faut que tout soit automatique ou résulte d'actions réflexes :
Le système d'assurage doit être simple, rodé et solide.

b) Distance d'arrêt et freinage

La distance (ou durée) d'arrêt et le freinage sont nos éléments de contrôle. On peut rappeler que la même situation existe pour l'arrêt d'un vélo : *plus on freine, plus vite on s'arrête.*

La courbe ci-dessous illustre bien la force d'arrêt en fonction du temps nécessaire à enrayer une chute de 5 mètres pour deux types d'assurage : plus court sera l'arrêt, plus grande sera la force.

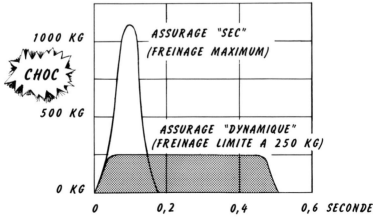

Durée du choc (en secondes).
(A ne pas confondre avec la durée de chute.)

Dans notre cas, il y a un compromis à chercher, car :
1. Avec un freinage trop important, il y aura des risques de lésions internes du grimpeur, arrachement des points d'assurage, voire du relais.
2. Avec un freinage trop faible, il y aura des risques d'«écrasement» du grimpeur, ou de perte de contrôle de l'assurage par le deuxième...
Quelles sont les limites acceptables du freinage?

Limite supérieure
• Pour le grimpeur, le choc maximal ne devrait pas excéder 1 200 kg. Cette valeur provient d'études portant sur le parachutisme : l'expérience a montré qu'un être humain peut, dans certaines conditions favorables (corps correctement aligné dans son axe, tenu par un harnais de parachutisme...) supporter brièvement 12, voire 15 fois son poids.
• Pour le point d'assurage principal, le choc est environ 1,5 fois plus important que celui subi par le grimpeur. On verra plus tard que peu de matériel peut supporter un choc supérieur à 1 000 kg, ce qui nous amène à 650 kg (1 000 kg divisé par 1,5) de freinage maximum.

Limite inférieure
Il faut un freinage bien supérieur au poids du grimpeur en chute. La table ci-dessous montre l'augmentation de la hauteur de chute en fonction du freinage pour un grimpeur pesant 80 kg.

TABLE : EFFET DU FREINAGE SUR LA HAUTEUR TOTALE DE CHUTE

Force moyenne de freinage subie par le grimpeur	Augmentation de la hauteur de chute (distance d'arrêt)
160 kg	100 %
240 kg	50 %
480 kg	20 %
880 kg	10 %

Le freinage subi par le grimpeur devrait donc se situer entre 250 et 650 kg.

Si l'on compare ces chiffres au tableau comparatif du freinage (voir plus haut), on comprend l'importance du frottement supplémentaire venant des points d'assurage, car sans eux nos moyens de freinage seraient un peu justes...

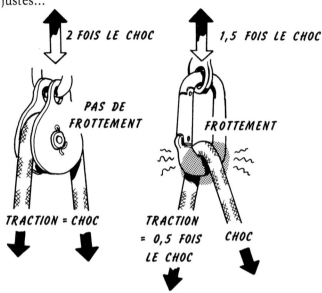

LE MOUSQUETON N'EST PAS UNE POULIE PARFAITE !

c) Rôle du frottement

Dans une situation réelle de chute, la corde passe par un ou plusieurs points d'assurage entre le relais et le grimpeur en chute, et frotte sur le rocher. Tout cela augmente le freinage. Pour fixer les idées, la table ci-dessous montre l'augmentation du freinage du relais dans des situations typiques. (Nous avons pris un freinage d'environ 100 kg provenant du relais comme valeur de départ.)

AUGMENTATION POSSIBLE DU FREINAGE DANS DES SITUATIONS RÉELLES
(frottement sur les mousquetons et sur le rocher inclus)

Situation de chute	Limite de freinage provenant du relais	Limite du freinage total subi par le grimpeur
Chute sans point d'assurage....	100 kg	100 kg
Chute avec un seul point d'assurage.................	100 kg	200 à 250 kg
Chute avec trois points d'assurage.................	100 kg	600 à 800 kg

Ce tableau souligne le risque d'une chute sans un point d'assurage : le freinage sera insuffisant, d'où l'importance d'un premier point d'assurage près du relais. Il illustre aussi l'importance du jugement du deuxième, car son freinage peut varier en fonction des situations rencontrées.

6. La corde et son rôle dans l'arrêt d'une chute

Jusqu'ici nous avons parlé d'une corde comme d'un fil d'acier «rigide». En réalité la corde est élastique, et le choc sera éventuellement limité par le rapport de la hauteur de chute et de la longueur de corde qui l'amortit. Mais, avant cela, il faut que le deuxième au relais soit capable de tenir le choc.

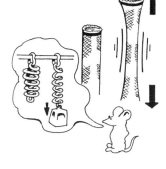

Que se passe-t-il pendant l'arrêt d'une chute ?
• Au moment de l'arrêt, la corde peut amortir le choc par allongement, jusqu'à absorption totale de l'énergie, ou alors, le choc peut dépasser le freinage (augmenté par le frottement) provenant du relais.
• Si le deuxième ne peut plus retenir, la corde coulisse sur le frein, en dissipant l'énergie en chaleur.

Dans la plupart des cas, ce système est très efficace : si le freinage est trop élevé, la corde s'allonge ; si le choc est trop important, le relais limite le choc. C'est l'élasticité de la corde qui justifie notre préférence pour un freinage qui ne soit pas trop dynamique au relais (plaquette-frein par exemple).

Facteur de chute

Un aspect important dans l'arrêt d'une chute par l'allongement de la corde est le rapport entre la hauteur de chute et la longueur de corde qui l'amortit, une notion appelée «facteur de chute» :

$$H/L = \text{facteur de chute} = \frac{\text{hauteur totale de chute}}{\text{longueur de corde entre le premier et le relais}}$$

La valeur du «facteur de chute», infime pour les courtes chutes loin du relais, peut aller jusqu'à 2,0 pour les chutes «extrêmes» sans point d'assurage. Cette valeur et les propriétés physiques de la corde détermineront l'intensité du choc pour des chutes enrayées totalement par l'allongement de la corde (freinage sec au relais) (voir note technique plus loin).

Par exemple :

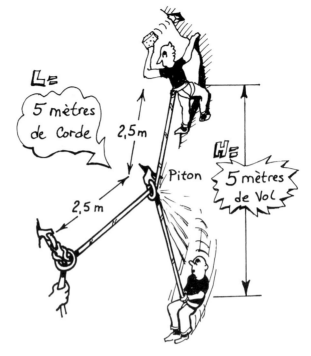

Chute du premier de 5 mètres, ayant dévissé à environ 2,5 m au-dessus du piton. La longueur de corde entre lui et le relais était de 5 mètres, donc :
H/L = 5 (m) divisé par 5 (m) = 1,0.

L'U.I.A.A. a fixé une limite de 1 200 kg pour le choc subi par un grimpeur de 80 kg en chute libre avec un facteur de chute de 2 et oblige donc les fabricants de cordes homologuées à ne pas dépasser cette limite. En réalité, la plupart des cordes en vente aujourd'hui offrent un choc maximal d'environ 1 000 kg. Ce qui donne un choc maximal qui varie de 500 à 800 kg pour des valeurs de H/L de 0,25 à 0,75.

Le fait que ce soit le « facteur de chute » et non la hauteur elle-même qui détermine le choc peut être illustré en prenant deux exemples :

EXEMPLE DE DEUX CHUTES AVEC LE MÊME « FACTEUR DE CHUTE »
(dans les deux cas avec un point d'assurage)

- Chute de 4 m avec 4 m de corde entre le premier et le relais (H/L = 1,0).
- Chute de 8 m avec 8 m de corde entre le premier et le relais (H/L = 1,0).
  Dans les deux cas le choc maximal subi par le grimpeur sera de 880 kg.

Comme c'est la longueur de corde entre le premier et le relais qui compte :
Une chute subie près du relais est plus sévère que la même chute subie en fin de longueur.

7. Réflexes dans une chute

Si vous avez le réflexe d'attraper quelque chose, attrapez la corde sous le point d'assurage. Si vous chutez en cuissard, il faut tenir la corde devant l'attache du cuissard, afin d'éviter un renversement. Parfois, il s'avère même sage de se pousser de la paroi.

L'impression que l'on a en début de chute est d'être suspendu en l'air car, dans la première demi-seconde, le vol est à peine de 1,25 m; après, tout se passe rapidement. Or, une demi-seconde est suffisante pour toutes sortes de bêtises :
• attrapez un coinceur et vous l'arracherez;
• attrapez une sangle sur un piton et vous risquerez alors l'ouverture du mousqueton, dégageant ensuite la corde;
• attrapez une sangle sur un becquet et vous la dégagerez.

NOTE TECHNIQUE

Choc maximal avec «bloquage» de la corde

On peut déterminer le choc maximal dû à l'allongement de la corde par la relation «approximative» (courbe B) :

choc maximal d'arrêt (en kg-force) = $760 \times \sqrt{(H/L)}$

où (H/L) est le facteur de chute et où la constante (760) peut varier de 710 à 810 selon le type de corde. En réalité, ce choc est un peu plus sévère en raison des effets de frottement de la corde (courbe A); car tout se passe comme si la longueur effective de la corde entre le premier et le relais était plus courte. Notons que le poids du grimpeur joue également : une variation de plus ou moins 20 kg augmentera ou diminuera le choc d'environ 12%.

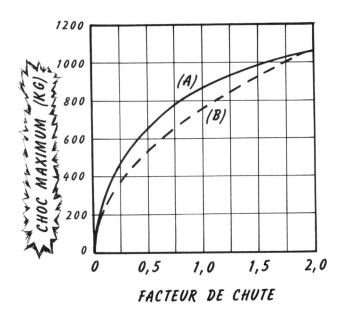

FACTEUR DE CHUTE

Choc d'arrêt subi par le grimpeur en fonction du facteur de chute «H/L» (poids du grimpeur = 80 kg). Ces valeurs restent plutôt pessimistes pour les très courtes chutes en raison d'une dissipation d'énergie dans le corps du grimpeur.

Nous avons pris le kilogramme comme unité de force, plutôt que le newton, plus correct mais moins parlant : 1 kgf est équivalent à environ 1 daN et 100 kgf sont équivalents à environ 1 kN.

NOTE TECHNIQUE

Dissipation de l'énergie d'une chute

Que devient l'énergie d'une chute importante arrêtée par un système d'assurage... si tout se passe bien ? **Elle est uniquement dissipée en chaleur** : plus de la moitié, principalement dans le frottement de la corde sur le mousqueton du point «principal», et secondairement dans le frottement entre les fibres de la corde ; le reste est dissipé dans le freinage au relais et autres (frottement sur rocher, autres mousquetons...). En effet, le rapport entre l'énergie dissipée dans la corde elle-même et dans les frottements (point «principal», relais...) dépend du freinage appliqué. Ceci explique les rares accidents où la corde se trouve brûlée au niveau du point «principal» suite à un freinage insuffisant.

Pour rendre l'idée plus concrète : dès qu'un grimpeur a fait sa première descente en rappel, il sait qu'une chute peut être dissipée en chaleur, puisqu'un «rappel» n'est qu'une chute contrôlée (où là on doit aller lentement !).

Équivalence en énergie d'une chute de 10 m

APRÈS 10 MÈTRES DE CHUTE (LIBRE) ON ATTEINT 50 KM/H !

J'ARRIVE...!

POURTANT, L'ÉNERGIE D'UNE TELLE CHUTE ≃ 1870 CALORIES (GRIMPEUR DE 80 KG) DISSIPÉE EN CHALEUR... PEUT CHAUFFER :

UN VERRE D'EAU DE 12°C. ...

UN DESCENDEUR-FREIN DE 75°C.

CHALEUR DE FROTTEMENT

Heureusement qu'on ne dissipe pas au niveau du frein du deuxième au relais toute l'énergie d'une chute en chaleur : ça chaufferait....

8. En résumé

Comme nous avons vu, le système d'assurage est composé d'éléments complémentaires, en sachant qu'un assurage en début d'une longueur sans point d'assurage est faible. La table ci-dessous présente un résumé des moyens d'arrêt et du choc maximal pouvant être anticipé dans des situations types avec un seul point d'assurage entre le premier de cordée et le relais.

TABLE DE CHOC MAXIMAL EN FONCTION DU MOYEN D'ARRÊT (EN KG)

Moyen d'arrêt	Choc typique subi par		
	le grimpeur	le point d'assurage « principal »	le relais
Allongement de la corde seule	500 à 800 (H/L de 0,25 à 0,75)	750 à 1 200	250 à 450
Freinage au relais	200 à 600	300 à 900	100 à 300

Pour regrouper les idées, on peut considérer l'arrêt d'une chute à différents stades :

• *Chute en début d'une longueur avant de poser le premier point d'assurage (relais déjà haut dans la voie).* Le facteur de chute sera de 2, et le deuxième au relais peut difficilement freiner plus de 200 kg, donc la corde va coulisser dans le frein... peut-être même jusqu'au bout de la corde attachée au relais... (Le choc va tirer le deuxième vers le bas.)

• *Chute au milieu d'une longueur avec un seul point d'assurage.* Le facteur de chute sera compris entre 0,25 et 1,0. Le choc va être un peu trop élevé pour le deuxième, entraînant un court coulissement de corde dans le frein. La chute sera stoppée avec une augmentation d'environ 50% de sa hauteur. (Le choc va tirer le deuxième vers le premier piton ou coinceur.)

• *Chute vers la fin d'une longueur avec trois ou quatre points d'assurage entre le premier et le relais.* Le facteur de chute sera compris entre 0,05 et 0,25. Le choc au relais suite au frottement sera très faible : entre 30 à 60 kg, donc l'assurage du frein sera sec. Le choc au niveau du grimpeur sera déterminé par l'allongement de la corde et sera inférieur à 500 kg.

Tout est vu dans un monde parfait où les points d'assurage (pitons, spits ou coinceurs...) tiennent les chocs...

Une dernière remarque :

Quelques raisons pour cela :
1. Le choc sur le grimpeur (même en baudrier complet) et sur le matériel d'assurage semble trop près des diverses limites dans des chutes sérieuses. Il n'y a pas, en général, de grande marge de sécurité.
2. La résistance d'un point d'assurage (coinceur ou piton...) dans le rocher est très variable et pas toujours facile à estimer.
3. L'assurage «dynamique» demande une attention de la part du deuxième, un élément pas toujours sous le contrôle du premier... Il subsiste un risque d'écrasement sur vire ou sur terre si l'assurage est trop «dynamique».
4. Aucune corde ne résistera à une chute (même de quelques mètres) sur une arête de rocher...
5. Dans toute chute, le fait de heurter le rocher favorise les risques d'entorses et blessures.

En résumé, malgré les progrès d'aujourd'hui, il reste toujours un risque grave dans une chute. Notre but est de réduire ce risque dans le cas où celle-ci arrive...

Le mousquetonnage devient un « art » dans les passages difficiles. Christian Schwartz dans une longueur de 6c au Salève. Photo : Romain Vogler.

IV. Points d'assurage

1. Utilisation (idées générales)

Trouver rapidement des points d'assurage solides et les utiliser efficacement sont l'une des préoccupations majeures du premier de cordée en «terrain d'aventure». Par contre, dans les «sites sportifs», tous les points d'assurage sont généralement en place. Néanmoins, dans les deux cas, les techniques d'utilisation se regroupent.

a) Rythmes d'escalade

Dans le but de rendre l'utilisation de points d'assurage plus efficace, le grimpeur est encouragé à visualiser la longueur comme une suite de passages ponctués par des points de repos permettant éventuellement la pose de matériel. Ceci regroupe deux impératifs :
1. Prévoir à l'avance l'emplacement des points d'assurage.
2. Séparer les mouvements d'escalade des poses de points d'assurage.

b) Combien d'assurages? (intervalle des points)

La pose des points d'assurage dans les passages difficiles est fonction du jugement du grimpeur et de sa confiance en lui-même. Néanmoins, on peut donner quelques conseils sur des situations souvent rencontrées :
- La pose de points d'assurage évitant l'écrasement contre une vire ou la terre détermine en priorité l'éloignement des clous.
- La verticalité d'une voie impose une assurance chaque 4 mètres au moins. Ceci pour réduire le facteur de chute et réduire l'énergie éventuellement absorbée par le relais.
- «Abondance de biens ne nuit pas» : occasionnellement, on peut tomber sur des bons points d'assurage imprévus (arbres, placements de coinceurs exceptionnels, etc.). S'ils sont rapides à utiliser et n'introduisent pas de tirage sur la corde, ils ne sont pas à négliger car ils augmentent la sécurité de l'ensemble.
- *Il faut souligner que l'instabilité inhérente aux coinceurs impose un placement plus généreux que dans un assurage classique.*
- A propos des points d'assurage douteux, il faut éviter d'utiliser des points d'assurage inutiles («points d'assurage psychologiques»). Cepen-

dant, certaines situations imposent une utilisation «limite». Dans ce cas, il est conseillé :
— d'éviter une longue chute sur les points douteux;
— de faire adopter par le deuxième une technique d'assurage plus dynamique;
— de prendre comme principe de toujours utiliser les points douteux en parallèle et non en série, un mauvais élément dans une chaîne pouvant briser l'ensemble. Deux coinceurs ou deux clous peuvent éventuellement tenir une chute par distribution du choc entre les deux.
• L'assurage du deuxième : il est impératif que le premier de cordée adapte aussi son assurage aux besoins du deuxième, particulièrement dans les traversées. N'oubliez pas qu'une chute en début de traversée est dangereuse pour le deuxième et qu'elle aurait pu être enrayée par la simple pose d'un anneau ou coinceur. (Cette erreur de jugement est particulièrement fréquente lors de la sortie d'une voie en terrain facile, soit sur la gauche, soit sur la droite de l'itinéraire; le deuxième remarque alors, après avoir dégagé le dernier mousqueton, que le passage «7b» est non en-dessous, mais au-dessus de lui, et que le risque de pendule est loin d'être négligeable.)

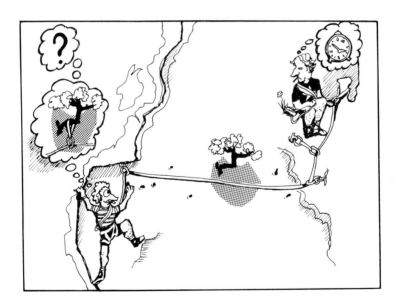

c) Vont-ils tenir?

Comme point principal :
Le choc sur le point «principal» peut varier de 300 à 900 kg (situations typiques). Ceci indique que le matériel choisi comme point d'assurage devrait tenir un tel choc.
Il faut donc commencer avec les éléments donnant une résistance supérieure à 900 kg, mais il faut être plus exigeant comme on le verra. Ce qui nous amène à parler du «point de rupture».

Après tout, le nombre des points d'assurage reste au jugement du premier de cordée :

QUEL TIRAGE ...!

Point de rupture des éléments d'assurage.
Le « point de rupture » d'un élément d'assurage est la plus grande force qu'il peut supporter (en moyenne) avant de casser. Les fabricants donnent généralement un point de rupture d'un élément, et la vraie résistance peut donc varier d'un exemple à l'autre. Si l'on prend par exemple 1 000 mousquetons ou coinceurs, un certain nombre casseront en-dessous du « point de rupture », d'autres casseront au-dessus. La variation courante entre la résistance et le point de rupture en moyenne peut être de 5 à 15%, mais il y a un risque de se trouver avec un exemplaire du matériel qui cassera bien au-dessous du « point de rupture » donné : soit par défaut de fabrication, soit par variation dans les matériaux utilisés (qualité, diamètre, etc.).

Pour être plus sûr qu'un élément d'assurage supporte le choc d'une chute, il faut :
• Soit s'assurer que le choc maximal n'excède jamais 1/2 à 2/3 du point de rupture. *Ce qui signifie un point de rupture d'environ 1 800 kg pour*

du matériel non testé individuellement. (Le label « U.I.A.A. » n'est pas une indication de test individuel!)
• Soit utiliser deux éléments en parallèle (exemple : ne jamais se servir d'un seul mousqueton pour l'ensemble des points du relais...).
• Soit exiger du matériel testé, même si le prix est plus élevé... Votre vie peut en dépendre.

Pour l'équipement soumis à plusieurs vols (exemple : spits/pitons en place dans une école d'escalade), on devrait demander que le choc ne dépasse jamais 1/3 du « point de rupture » (problème de fatigue...).

En face de ceci, il est bien évident que l'utilisation des coinceurs en complément des pitons en place augmente la marge de sécurité et reste au choix du grimpeur.

En réalité la résistance d'un point d'assurage est souvent limitée par la qualité du rocher qui peut être bien affaiblie par l'exposition aux intempéries, l'action chimique des plantes, etc. Cet aspect de fragilité du rocher limitera notre choix de matériel, surtout en rocher doux (voir plus loin note technique).

Comme point secondaire :
L'importance d'un point d'assurage est vite oubliée dès la pose d'un autre. Néanmoins, il continue à jouer un rôle important dans l'ensemble du système d'assurage car :
• il influence directement la direction du choc vue par les autres points d'assurage et le relais;
• il amoindrit le choc sur le relais et introduit le problème du tirage par frottement sur les mousquetons;
• il intervient comme sécurité secondaire en cas de rupture du point « principal ».

TABLE DES POINTS DE RUPTURE POUR LES ÉLÉMENTS D'ASSURAGE

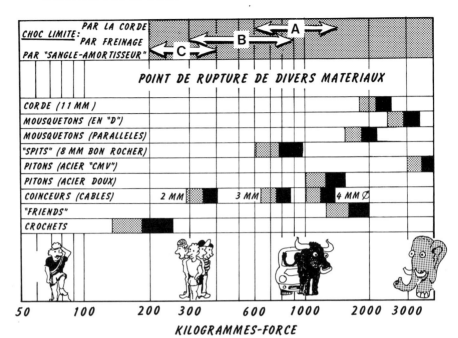

Sur ce schéma nous avons comparé la résistance de divers éléments d'assurage (mousquetons, pitons, etc.) avec le choc qu'ils peuvent subir en tant que point principal lors d'une chute stoppée par les moyens disponibles (A, B et C). On remarquera qu'aucun facteur de sécurité vraiment intéressant n'apparaît dans ce tableau, et qu'il n'a pas été tenu compte d'une marge pour la qualité de roche. Il existe certains éléments avec une meilleure tenue, mais notre but est de présenter qualitativement l'ensemble du matériel disponible actuellement.

NOTE TECHNIQUE

Résistance du rocher

Généralement on parle de dureté (exemple : l'échelle des géologues) ou résistance à l'écrasement. On présente ici une table de valeurs de dureté des rochers d'escalade :

Résistance du rocher

Type de rocher	Résistance à l'écrasement
Granit	1 600 à 2 400 kg/cm^2
Diorite (ex. Californie)	1 700 à 3 000 kg/cm^2
Grès quartzitique	1 200 à 2 000 kg/cm^2
Grès (autres)	300 à 1 800 kg/cm^2
Calcaire dolomitique	800 à 1 800 kg/cm^2
Calcaire (falaises)	200 à 900 kg/cm^2

Exemple :

La rupture du rocher entraînant l'arrachement du point d'assurage provient plutôt d'une cassure en traction sur un côté (cisaillement) que d'un écrasement. Une estimation grossière de la résistance en cisaillement est donnée en prenant le 1/6 de la limite à l'écrasement.

Prenons l'exemple d'un coinceur ou anneau de cordelette supporté par une projection de rocher avec une surface (en section) de 15 cm^2. Sa tenue peut être estimée en multipliant la surface du rocher sujet à l'arrachement par le 1/6 de la résistance à l'écrasement, ce qui donne dans ce cas précis :
  point de rupture pour 15 cm^2 de granit = 4 000 à 6 000 kg
  point de rupture pour 15 cm^2 de calcaire = 500 à 2 250 kg

Ce calcul montre bien que la résistance du granit est largement supérieure à celle du calcaire doux. Cette notion est essentielle lors de l'utilisation de points d'assurage de faible taille (exemples : petits coinceurs, pitons à lame, spits de diamètre réduit). Une technique acquise lors de l'escalade en granit peut donner de drôles de surprises sur le calcaire...

Le fait d'influencer la direction du choc nous amène à signaler un problème important : le choc secondaire subi par ces points n'est pas nécessairement dirigé vers le bas. Cette remarque est particulièrement valable lors des placements de coinceurs ou anneaux sur becquets après une traversée.

Un point d'assurage secondaire en fin de traversée peut être soumis à *un choc important vers le haut* (jusqu'à 1/3 de celui subi par le point principal au-dessus).

d) Tirage de la corde

Un des plus grands soucis dans la pratique du mousquetonnage des points d'assurage est de réduire le frottement responsable du tirage. (N'oubliez pas qu'un certain frottement sera utile pour le freinage lors d'une chute éventuelle.)

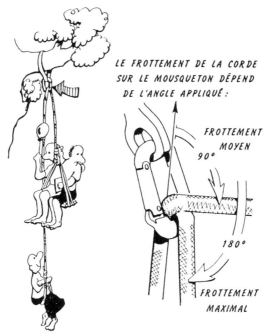

Le mousqueton n'est pas une poulie parfaite. Si on applique à la corde, passée dans un mousqueton, un angle de 180°, on double alors, par le frottement, la force appliquée. Dans ce cas, le poids d'un homme est suffisant pour supporter (statiquement) le poids de deux. Comme on peut l'anticiper, ce frottement est cumulatif : deux angles de 90° sont donc équivalents à un angle de 180°. Plusieurs angles peuvent même augmenter le frottement d'un facteur de 4 à 8. Le frottement sur le rocher est même plus important, mais respecte le même principe : on introduit un frottement à chaque nouveau «virage».

Il est évident que plus la corde parcourt une ligne droite, moins il y a de frottement sur les mousquetons, et donc de tirage sur le premier de cordée.

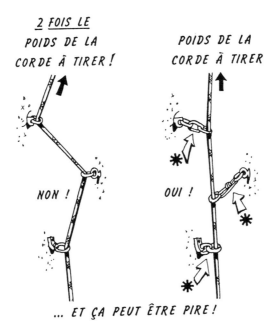

... ET ÇA PEUT ÊTRE PIRE !

Suite aux remarques précédentes sur le problème des points secondaires et des traversées, il est évident que moins il y aura de tirage, moins les points secondaires seront tirés vers le haut (important pour les coinceurs et anneaux sur becquet).

2. Mousquetonnage

Petite remarque historique : le mousqueton, utilisé comme accessoire par les pompiers bavarois vers les années 1850, n'a trouvé sa place dans l'escalade qu'au début de ce siècle !

Le choix et la maintenance des mousquetons et dégaines ont déjà été discutés plus haut. Même si les aspects pratiques du mousquetonnage paraissent évidents, ce n'est, en vérité, pas toujours aussi simple :

• Le mousqueton de la dégaine devrait être accroché au piton (ou à la plaquette), ouverture vers le haut, puis retourné, si nécessaire, de telle sorte que sa gachette soit face au vide et non face au rocher ! Évitez les situations où une force peut être appliquée sur la gachette... **attention au porte-à-faux** !

RISQUE D'OUVRIR !

attention au porte-à-faux !

• Il est important que le mousqueton tenant la corde soit libre de se déplacer pour éviter le risque d'un échappement accidentel de celle-ci en cas de chute, un risque accentué avec des mousquetons à gachette courbée. C'est pourquoi nous conseillons l'usage systématique des dégaines (ou au moins des paires de mousquetons).

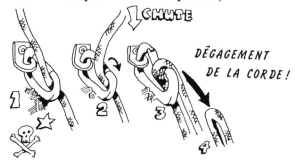

• Il est parfois nécessaire d'allonger une dégaine avec une sangle (ou anneau de cordelette) pour éviter le frottement de la corde sur une arête franche, ou sous un toit, son coincement dans une fissure voisine, etc.
• **Vérifiez en montant que les gachettes des deux mousquetons de la dégaine soient BIEN FERMÉES et que la position de votre dégaine soit correcte :** la sangle peut se retrouver sur le dos du mousqueton entraînant en cas de chute, une rupture précoce vers 600 à 800 kg-force.

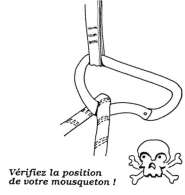

Vérifiez la position de votre mousqueton !

Le « top-niveau » du mousquetonnage

Il s'avère parfois complexe dans certains passages de mousquetonner par la méthode «classique». Les astuces suivantes peuvent être utilisées :
a. Si le spit/piton est à bout de bras, prendre la corde avec une main

et tenir le mou dans les dents. Puis reprendre le mou nécessaire au mousquetonnage du point d'assurage.

b. *Méthode du doigt-majeur* : un style de classe, très simple et extrêmement rapide... et trop simple pour qu'on y ait tous pensé! Vous tenez la base du mousqueton avec le majeur et vous avancez la corde vers la gachette avec le pouce et l'index; une astuce qui marche dans toutes situations, même celle d'un toit avec mousqueton pendu dans le vide. Néanmoins pour que cette manipulation soit efficace, il est impératif que la gachette soit du côté de votre pouce quand vous tenez le mousqueton avec le majeur (voir dessin). Une bonne façon de s'en garantir : équipez toutes vos dégaines avec les deux mousquetons ouvrant en sens opposés. Puis accrochez la dégaine au spit/piton avec la main qui sera utilisée pour le mousquetonnage. Ce geste d'accrochage devra être fait avec la gachette de l'autre mousqueton de la dégaine face à vous et ouvrant vers le bas (prêt à accepter la corde...). A signaler que cette méthode s'applique parfaitement aux situations type «compétition», où les dégaines sont déjà posées. Dans ce cas, vous prenez la corde avec la main opposée au sens de la gachette devant vous. Compliqué? Non, car un peu d'entraînement rendra ce geste automatique.

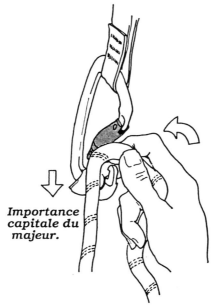

Importance capitale du majeur.

c. *Méthode «ultra-rapide»* : avant de grimper, mousquetonnez d'abord votre corde, puis votre chemise avec l'autre mousqueton de la dégaine (torse nu s'abstenir!). Il suffit ensuite de retirer le mousqueton placé sur la chemise et de l'accrocher au spit/piton. Cette méthode est à conseiller pour les «horreurs», sous un toit, par exemple. Attention cependant à l'ordre d'utilisation si vous avez préparé plusieurs dégaines sur votre chemise; et puis un détail important pour éviter tout risque de problème avec la corde : accrochez toujours avec la même main ou dans le même sens! Tout ça implique simplement une prévision de vos mouvements.

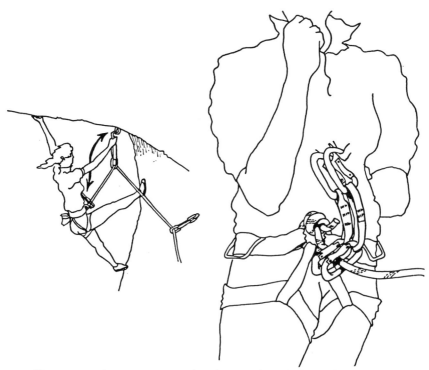

Dans toutes les manœuvres de mise en place de la corde dans les mousquetons, une corde double de 2 fois 8,5 mm est évidemment plus gênante qu'une corde simple de 10,5 mm.

3. Équipements en place

La majorité des falaises et écoles d'escalade européennes (ainsi qu'un certain nombre aux États-Unis) sont équipées. On peut y trouver une grande variation de pitons, anneaux scellés, tiges, spits, chaînes, etc. dans les voies « classiques ». La gamme de qualité de cet équipement est très large. C'est pour cette raison que le CO.SI.ROC., en France, encourage le rééquipement des falaises suivant certaines normes de sécurité.

Mais restons réalistes : au moins dans un avenir proche, l'équipement restera ce qu'il est aujourd'hui, un mélange de matériel sérieux et « folklorique ». Ainsi, avant que les voies près de la mer soient équipées en pitons inoxydables, il vaut mieux considérer l'équipement comme un itinéraire possible plutôt que comme un assurage.

Conseils pratiques :
• Se renseigner sur l'état d'équipement auprès des grimpeurs locaux, dans la dernière édition du livre-guide ou parfois dans les cahiers gardés au café du coin.
• Tester tout matériel rencontré avec (au moins) deux bonnes tractions sur la corde. Le moindre mouvement est suspect (bien qu'un tel piton, placé dans un trou ou dans une fissure horizontale, puisse tenir un choc). Il est préférable de tester les pitons à coups de marteau dans les zones de gel fréquent.
Il n'est pas nécessaire de toujours rejeter un piton suspect. Il peut servir éventuellement à améliorer la stabilité d'un coinceur voisin.
• Certaines faiblesses dans un piton sont évidentes à l'œil :
— Les pitons rouillés ou cassés.
— L'œilleton cassé (corniers et pitons en Z) se produit souvent lors d'une tentative de dégagement. Le piton peut être utilisé en posant un anneau de cordelette ou sangle sur la partie solide.
— Les pitons mal enfoncés peuvent être utilisés avec anneaux de cordelette ou sangles (voir problème du bras de levier, chap. VI, § 4).
— Les coins de bois sont marginaux (il en reste, eh oui ! dans les Préalpes) ; ils offrent un peu plus de sécurité en passant une sangle derrière eux (voir dessin).
— Les pitons ou anneaux scellés peuvent présenter une corrosion importante ou un décollement au niveau du ciment.

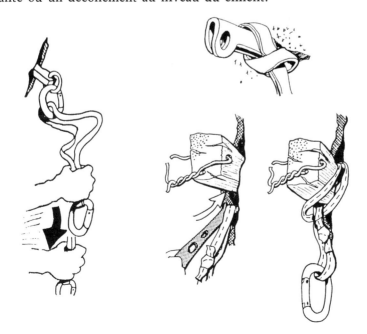

— Les pitons à lame mince, particulièrement en acier doux, sont rarement assez forts pour tenir une chute, surtout dans une fissure verticale ; ce sont souvent des pitons de progression d'un passage d'artif/tire-clous.

• Porter toujours quelques mousquetons de faible diamètre pour les vieux pitons ou plaquettes de spits dont l'œilleton est trop petit.

• Les spits ne sont pas toujours aussi solides qu'on peut l'imaginer : en place depuis une dizaine d'années, ils peuvent parfois casser sous le simple poids d'un grimpeur et ceci indépendamment de la qualité du rocher sur lequel ils sont placés. Ils peuvent aussi se desserrer ou, s'ils ne sont pas correctement placés, être retirés par action de levier sur la plaquette (celle-ci est d'ailleurs sujette à fatigue lors de vols répétés et peut se casser). *Il est donc nécessaire de vérifier leur aspect avant toute utilisation (boulon desserré, plaquette pliée ou fissurée ?...).*

— Trois problèmes peuvent être résolus avec un coinceur câblé : plaquette volée, plaquette chargée d'anneaux de rappel ou plaquette rendue libre (impossible de resserrer le boulon).

— Le diamètre d'un spit en rocher tendre devrait être large (12 mm plutôt que le 8 mm encore rencontré).

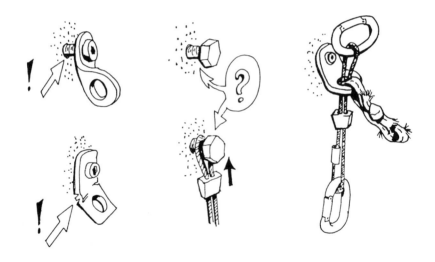

4. Utilisation des points naturels

Souvent négligés par les grimpeurs inexpérimentés, ils constituent pourtant l'un des plus rapides et solides points d'assurage... et certainement l'un des moyens les plus « élégants » puisqu'on ne modifie pas l'environnement.

L'utilisation des points naturels demande la pose d'une sangle (30 mm de large et de préférence plate plutôt que tubulaire) ou d'un anneau de cordelette (d'un diamètre égal ou supérieur à 7 mm). L'emploi d'un anneau présente un risque de rupture s'il n'est pas posé correctement (voir problème du triangle de force, dans la note technique suivante).

Quelques conseils :
- Arbres ou arbustes vivants : généralement plus solides en granit qu'en calcaire. Placer la sangle ou l'anneau de cordelette le plus bas possible et prendre le maximum de bois vivant.
- Becquets de rocher, écailles, têtes de poulet, trous, blocs coincés dans les fissures : vérifier leur solidité (un coup de poing donnera un son solide ou...); éviter les arêtes vives; allonger l'attache à l'aide d'une deuxième sangle s'il subsiste un risque de dégagement.
— Le placement d'une sangle dans un trou ou derrière un bloc coincé est facilité par l'emploi d'un «nut-key».

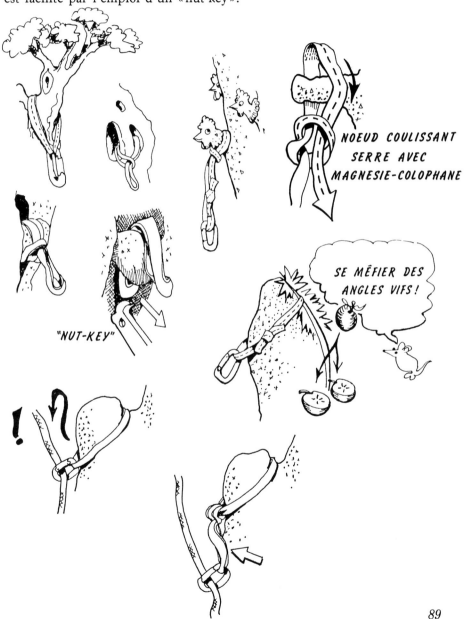

NOTE TECHNIQUE

Problème du «triangle de force»

Ce problème se rencontre souvent dans l'emploi d'une sangle ou d'un anneau de cordelette, soit à poser sur becquets, soit pour relier des pitons ou coinceurs :

Tenez un poids avec deux brins de corde : vous trouverez très difficile de le supporter en maintenant les deux brins écartés; plus les brins s'écartent, plus la tension augmente.

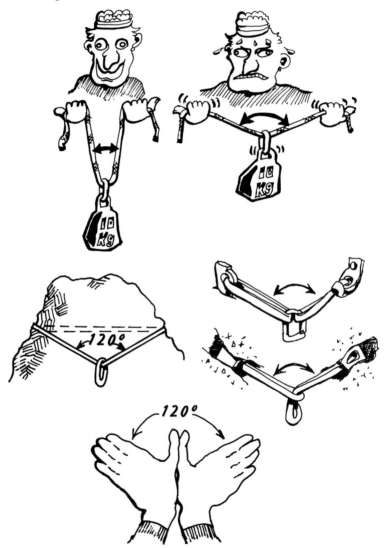

Sur le plan pratique, il faut toujours s'assurer que l'angle entre les deux brins soit inférieur à 120° (chiffre qui garantit que la tension ne dépasse guère deux fois la traction sur l'ensemble).

Ambiance... dans Needle's Eye *(South Dakota). Photo : Suzy Kline.*

Escalade en fissure avec assurage sur «friends» (Super Crack). Photo : Romain Vogler.

V. Coinceurs

ENFIN, UN ASSURAGE "ÉCOLOGIQUE"...

1. Origine des coinceurs

L'histoire des coinceurs est un exemple d'un véritable jet d'idées florissantes ; leur développement se fit surtout en Angleterre et aux États-Unis. Tout commence vers la fin des années 50 dans le Pays de Galles. A cette époque, le niveau d'escalade était déjà élevé et les grimpeurs anglais butaient contre un problème « moral », le pitonnage étant « interdit » dans les falaises. Une des astuces pour écarter ce problème était d'utiliser les nœuds de cordelette ou de vraies petites pierres (portées dans les poches) coincées manuellement dans les fissures. Cet assurage « naturel » était l'époque... néolithique du coinceur.

Le miracle se produisit dans le début des années 60 : un jour, des grimpeurs prirent des écrous sur la ligne de chemin de fer de Snowdon (Llanberis pass) et les « enfilèrent » sur des anneaux de cordelette. Le premier coinceur métallique était né... l'âge de « fer » commençait.

Les cinq années suivantes virent une évolution dans la forme des coinceurs vers celles d'aujourd'hui.

En 1967, après une série d'escalades dans le pays de Galles, Royal Robbins ramena avec enthousiasme cette idée au Yosémite. C'était l'époque « 1968 », où l'on parlait beaucoup d'écologie : les grimpeurs prirent conscience que, à force de pitonner et dépitonner, les fissures commençaient à se dégrader dans les voies populaires. Dans cet état d'esprit, l'engouement pour les coinceurs comme nouveau moyen d'escalade anima de longues nuits de discussions autour des feux de camp au Yosémite. Si, de leur côté, les Anglais continuèrent pendant cette période à perfectionner leur propre technique, les Américains, motivés surtout par les problèmes spécifiques des fissures uniformes en granit, commencèrent alors à fabriquer eux-mêmes leur matériel. Yvon Chouinard et Tom Frost montrent bien leur originalité par la conception des coinceurs à came (« hexentrics »).

L'évolution des esprits vis-à-vis des coinceurs arrivait à maturité cinq ans après avec la répétition de l'ascension des grandes parois du Nez (El Capitan) et de la face nord-ouest de Half Dome. Mais, cette fois, elle s'effectuait sans marteau, en progression et assurée par des coinceurs et le peu de pitons en place. Le piton n'était plus alors qu'un pauvre complément des coinceurs.

En 1978, l'histoire prend fin avec l'arrivée des « friends » dans les grandes parois, coinceurs très techniques à deux cames, inventés par Ray Jardine. Cette innovation a été précédée par un coinceur avec deux vraies cames et un ressort, inventé par Greg et Mike Lowe cinq ans auparavant.

En France, l'utilisation des coinceurs fut accueillie par un nombre croissant de grimpeurs de haut niveau à partir des années 70, pour retomber de nos jours dans la pénombre. Les raisons principales sont l'attrait des voies déjà équipées avec perceuse, matériel plus sûr, et l'absence de motivation pour apprendre « la technicité » nécessaire à la pose correcte d'un coinceur. Néanmoins, l'information sur leur usage est donnée puisqu'ils représentent le seul assurage possible pour des voies « d'aventure » (hors école) et dans certains pays (Grande-Bretagne, États-Unis...).

2. Principe et choix des coinceurs

a) Principe de fonctionnement

Les coinceurs peuvent être regroupés par leur mode de fonctionnement en deux catégories :
- Coinceurs simples (tenus par simple blocage) : en forme de prismes double face, en forme pyramidale (courbé ou non), tubes, etc.
- Coinceurs à came (tenus par blocage et verrouillage) : en forme d'hexagones asymétriques (« hexentric »), vraies cames et doubles cames (« friends »).

Certains coinceurs jouent les deux rôles mais il est quand même utile de garder cette classification.

Coinceurs simples
La pose d'un coinceur simple est facile : il faut choisir un endroit où

la fissure se referme vers le bas et de préférence également vers l'extérieur. Ainsi, le coinceur est bloqué par les parois de la fissure. Généralement, la solidité d'un coinceur simple est bien évidente lors de sa pose. Malheureusement, dans de nombreuses situations, les fissures se ferment plutôt vers l'intérieur que vers l'extérieur, et sont souvent plutôt parallèles que refermantes... expliquant l'intérêt d'autres techniques décrites dans ce chapitre.

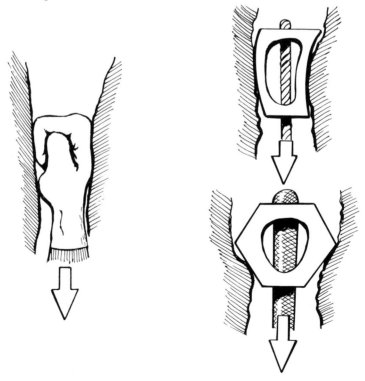

Certains progrès ont été faits dans la forme des coinceurs simples pour les rendre plus sécurisants :
• Le coinceur est fait avec un angle relativement faible entre ses faces opposées, ce qui donne une meilleure stabilité qu'un coinceur à grand angle (voir dessin).
• Le coinceur courbé a été inventé pour augmenter la stabilité puisqu'il possède plusieurs axes de rotation qui travaillent l'un contre l'autre, et puisque la face évasée peut être posée sur une bossette de rocher.

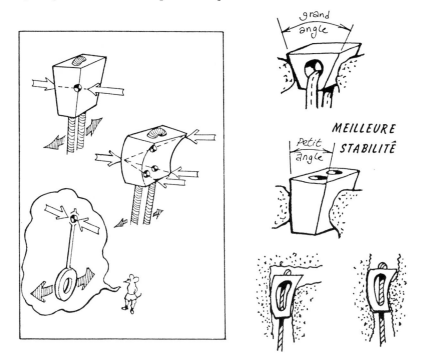

On remarque que, dans la plupart des situations rencontrées en rocher calcaire, le coinceur simple de forme courbée est de loin supérieur en stabilité. Par contre, pour les fissures uniformes, il faut une autre technologie... les coinceurs à came.

Coinceurs à came
Le problème des fissures uniformes est résolu avec la technique de la « came » : l'idée est d'utiliser une traction sur le coinceur (le choc d'une chute par exemple), de générer une pression par rotation de la ou des came(s) entre les parois opposées de la fissure. A cette pression s'ajoute le frottement du coinceur sur le rocher, ce qui permet de supporter un choc dans le sens de la fissure.
Comment poser un coinceur « en came » ?
Faites un verrouillage ! Posez le coinceur en le tournant, et assurez-vous qu'une traction sur la cordelette ou sur le câble se fasse dans le bon sens (côté le plus large du coinceur bloqué par le tirage). La pression générée qui maintient le coinceur dans la fissure dépend de la géométrie du coincement.

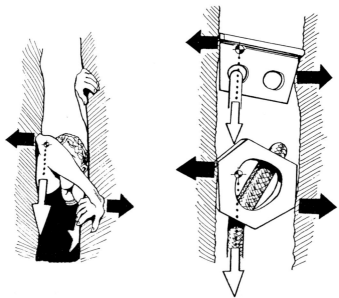

Certaines figures géométriques se prêtent plus facilement au coincement en came. Un exemple est la spirale logarithmique rappelant la spirale d'un coquillage. Plusieurs coinceurs «ultra-modernes» utilisent ce principe (voir page ci-contre). Le «tricam» de Lowe en est un bon exemple, qui permet de bons placements dans certaines situations difficiles (faible profondeur, rocher verglacé, etc.).

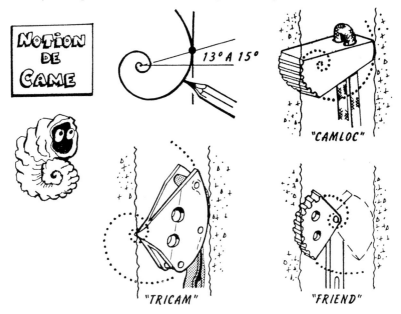

On peut aussi générer une pression entre les parois d'une fissure en posant deux coinceurs ensemble : le plus haut est tiré vers le bas contre l'autre (posé lui-même en sens inverse). Des coinceurs ajustables (type «rollers», «sliders» et «quickies») utilisent le même principe de fonctionnement.

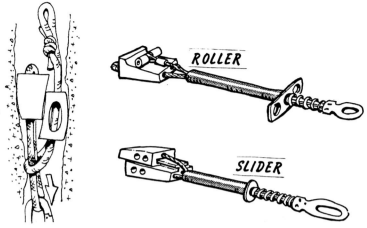

Coinceurs à double came (« friends »)

Ce friend « ultra-technique » est composé de deux paires de cames en forme de spirale logarithmique (l'angle de la came est d'environ 14°); deux ressorts permettent de les maintenir sans traction. Rejeté dans les premiers temps à cause de sa complexité, il permet des coincements là où aucun autre placement (pitons inclus) ne peut être tenté.

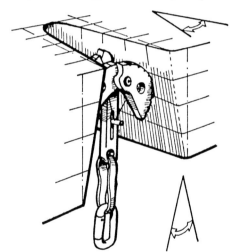

Leur emploi demande quelques essais (à faire en artif par exemple), car ce système vous réserve quelques surprises (on y reviendra plus tard).
* La résistance des coinceurs « multi-cames » :
  Les coinceurs « multi-cames » peuvent-ils tenir une chute importante ?
  La réponse à cette question dépend en grande partie du degré d'ouverture de la fissure dans le sens du choc :
* En général, la réponse est positive, pour des coinceurs posés dans des fissures ayant un angle d'ouverture nul (fissures avec parois parallèles), ou pour des fissures se refermant dans la direction du choc. C'est encore vrai si les parois ne sont pas strictement parallèles dans le plan orthogonal au choc, comme des cannelures ouvrantes vers l'extérieur par exemple. Mais attention ! Il existe aujourd'hui de nouveaux coinceurs « multi-cames » dont les cames ne sont pas toutes indépendantes les unes des autres, impliquant leur instabilité dans les fissures cannelées.

NOTE TECHNIQUE

Principe du coinceur à bi-cames

Comment tiennent-ils ? C'est de la physique, pas de la magie ! La came est une spirale à 14° ; ainsi, si la came se déroule sur une paroi plate, le pivot suivra une ligne de pente constante à 14° par rapport à la paroi. C'est un coinceur simple à 14°, mais « enroulé » !

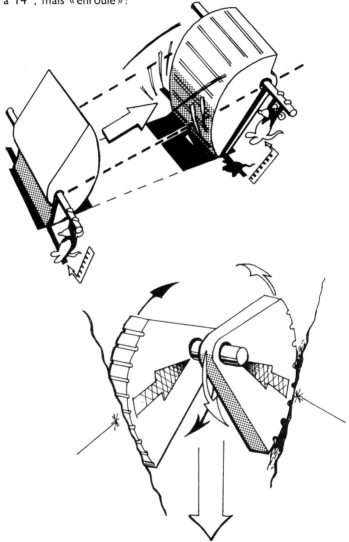

L'idée d'ensemble est très simple : jumeler deux cames face à face (les angles de déroulement de leur pivot étant contradictoires). C'est le pivot qui va faire travailler le tout ! Chaque came va bloquer l'autre contre le pivot, produisant ainsi contre les deux parois une pression égale à environ 4 fois la traction sur le pivot. Pas mal, ce système...

Notons que les vrais « friends » (déjà bien rodés avec des milliers de chutes retenues) ont une bonne résistance dans les fissures parallèles : le rapport de Pit Schubert dans les *DAV-Mittelungen* de juin 1978 donne des valeurs comprises entre 1 200 et 1 700 kg ; les essais récents du fabricant sont voisins de 2 000 kg.
• En revanche, la réponse devient « douteuse à très improbable » pour les coinceurs posés dans des fissures de plus en plus ouvrantes vers le choc.

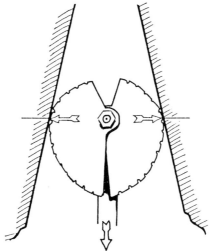

Pour assurer les chutes importantes, le grimpeur devrait limiter le choix de placement du coinceur « multi-cames » aux fissures « fermantes » à « parallèles » dans les rochers doux, comme le calcaire ou le grès, et aux fissures n'ouvrant pas à plus de 10° dans le granit. De plus, on doit être conscient que certaines roches (comme l'ardoise), très lisses, ou comportant des zones de clivage, ne permettent pas l'emploi des cames en friction simple, et donc donneront des résultats variables...

• Quelles sont leurs limites ?
Souvent ces coinceurs, posés dans des fissures ouvrantes, peuvent supporter le *poids* du grimpeur jusqu'à un angle d'ouverture surprenant, de 20 à 24°. Pourquoi, donc, avons-nous fixé des limites plus basses ?

Une explication simple est présentée, en partie, dans la table ci-dessous : les cames sont maintenues par une force très importante entre elles-mêmes et les parois du rocher. Tout simplement, cette force dépend du degré d'ouverture de la fissure, et peut éventuellement dépasser soit la résistance d'écrasement du rocher, soit les limites mécaniques du coinceur (axe du pivot ou aluminium des cames ; voir les illustrations). De plus, dans une fissure largement ouverte, il suffit d'un faible changement dans la géométrie du coinceur (flexion de l'axe du pivot par exemple) pour que le coinceur tombe...

NOTE TECHNIQUE

Table explicative des efforts engendrés entre les parois d'une fissure dans le fonctionnement d'un coinceur « multi-cames »

Degré d'ouverture de la fissure	Facteur de force engendré sur chaque parois par les cames	Force engendrée par les cames pour un choc « typique » de 600 kg.force
0° (fissure parallèle)	2 fois la traction	1,4 tonnes.force
10°	3,3 fois la traction	2 tonnes.force
15°	4,5 fois la traction	**2,7 tonnes.force**
20°	8 fois la traction	**4,8 tonnes.force**

Ces forces sont réparties sur chaque paire de cames. Les valeurs **en gras** (pour un choc de 600 kg) sont supérieures aux limites mécaniques typiques du coinceur, et représentent des valeurs « théoriques »...

b) Choix d'une sélection de coinceurs

Le choix d'une sélection de coinceurs à porter dans une voie est déterminé par le type de fissure rencontré : en calcaire, avec les fissures variées, trous, excavations, etc., les simples coinceurs sont plus utiles ; par contre, en granit, l'utilisation de coinceurs à came est nécessaire pour les fissures uniformes. Néanmoins, il vaut mieux garder une certaine variété de types de coinceur pour les situations imprévues... Une sélection typique en fonction du type de voie/rocher rencontré est présentée dans la table ci-après.

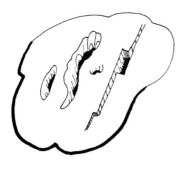 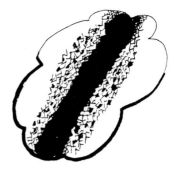

ROCHER CALCAIRE   *ROCHER GRANITIQUE*

Le nombre et la taille des coinceurs dépendent de l'état d'équipement dans la voie. Une sélection de 5 coinceurs de 10 à 56 mm de largeur peut servir à compléter une voie partiellement équipée. Par contre, un jeu de 2 à 3 fois ce nombre peut être indispensable dans les voies libres de tout matériel. Pour donner l'exemple d'une voie sur une grande paroi : on porte environ 45 coinceurs de 5 mm jusqu'à 75 mm de largeur (et environ six pitons à lame fine) pour l'ascension du Half Dome face nord-ouest, une voie de 24 longueurs, principalement en «libre», la cotation «française» étant 5cA3 ou 6b.

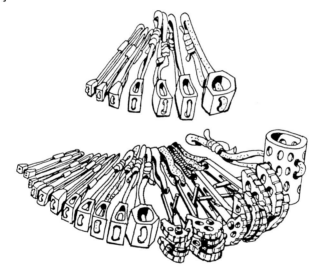

En haut : sélection de coinceurs pour calcaire (voie plus ou moins équipée), sélection de bicoins câblés et quelques hexentrics ou tricams.
En bas : sélection de coinceurs pour granit (voie non équipée), jeu complet de bicoins et sélection d'hexentrics, friends (jusqu'au numéro 3) ou tricams.

Notons que la résistance d'un coinceur est parfois limitée par le matériau utilisé dans sa réalisation. Ainsi, il existe des coinceurs de même marque, mais fabriqués dans des pays différents, présentant des propriétés mécaniques pouvant varier d'un facteur 2 (réf. *Moutain 102*, 1985). Ceci peut être critique, particulièrement pour les coinceurs de petites taille).

Sélection des coinceurs
pour les voies en escalade-libre
(non/peu équipées)

- **Voie partiellement équipée :**

  Jeu de « bicoins » : Rocks n° 2, 4, 6, 7, 8, 9

  et ou

  Stoppers n° 4, 6, 8, 10, 11, 12

  Jeu de « friends » : Friends n° 1/2, 1, 1 1/2 ou 2**

- **Voie non équipée :**

  Jeu de « bicoins » : Sélection complète de Rocks ou Stoppers

  et

  Jeu de « friends » : Sélection complète de Friends jusqu'à la taille 2 1/2**

- **Conditions particulières :**

  — Voie sur calcaire : remplacez les friends de petite taille par des hexentrics et ajoutez un crochet (trous/gouttes d'eau).

  — Voie sur granit : ajoutez des micro-bicoins en acier.
  ex. Chouinard acier n° 4, 5 (ou équivalents).

  — Voie sur grès : ajoutez des « petits » coinceurs à came.
  ex. Rollers (ou équivalents) pour les moyennes-petites tailles, des TCU pour tailles moyennes.

  ** L'utilité de taille de friends $\geq$ n° 3 est habituellement confirmée dans le descriptif de la voie.

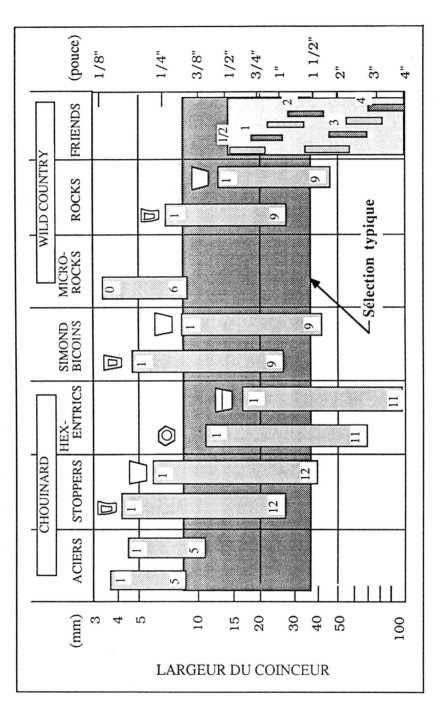

3. Aménagement du coinceur : câble ou anneau de cordelette?

Ce choix est fonction de l'utilisation et de la taille du coinceur. La table ci-contre présente la résistance à la rupture de ces deux matériaux en fonction de leur diamètre (cordelettes avec nœud) :

A noter que le diamètre des cordelettes en nylon devrait être supérieur ou égal à 7 mm pour l'assurage d'escalade libre et de 3,3 à 4 mm suivant la qualité des câbles et leur sertissage.

Les coinceurs câblés sont généralement utilisés lorsque :
- un coinceur est trop petit pour accepter une cordelette de nylon de 7 mm ;
- les fissures se referment, leur largeur étant trop petite pour les cordelettes (avec nœuds); souvent le cas en calcaire.

(Ce problème de diamètre des cordelettes est partiellement résolu avec l'apparition du kevlar et du spectra.)

Les coinceurs avec cordelettes sont préférentiellement utilisés en granit car :
- les cordelettes permettent la mise en place du coinceur à came, le câble étant un peu trop rigide ;
- la cordelette, beaucoup plus souple, réduit le risque de dégagement du coinceur suite aux mouvements de la corde.

Préparation des coinceurs avec cordelettes :
Longueur de l'anneau : 25 à 30 cm. Pour l'artif, on préfère des anneaux plus courts.

Nœud : les anneaux de cordelette seront noués avec un «nœud de pêcheur»; les anneaux en sangle seront faits avec un nœud «américain» (voir Nœuds, chap. I, § 4).

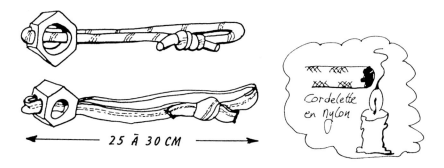

Préparation du bout de la cordelette
En nylon, elle est simple : fondre le bout de la cordelette. Pour le kevlar ou le spectra, il faut d'abord repousser la gaine, couper environ 1 cm de l'âme puis relâcher la gaine et fondre celle-ci. L'utilisation de tube en plastique est recommandée pour passer le kevlar ou le spectra de faible diamètre dans les trous de 8 mm du coinceur, ceci pour bloquer le coinceur sur la cordelette facilitant sa pose dans des situations difficiles.

NOTE TECHNIQUE

Résistance à la rupture : anneaux de câble, cordelette et sangle

Matériel	Diamètre	Résistance typique (kg)	Commentaire
• Câbles de coinceurs sertis (commercialisés)*			
Câble (inox)	2 mm	230 à 500	
	3 mm	530 à 1 000	(Assure une chute)
	4 mm	1 050 à 1 600	Assure une chute
• Anneaux de cordelette noués (nœud de pêcheur double)			
Cordelette (nylon)	5,5 mm	480 à 600	
	7 mm	980 à 1 140	(Assure une chute)
	8 mm	1 400 à 1 700	Assure une chute
	9 mm	1 700 à 2 140	Assure une chute
Cordel. (kevlar)	5,5 mm	1 840 à 2 240	Assure une chute
• Anneaux de sangle noués (nœud de sangle)			

Matériel	Largeur	Résist.	Commentaire
Sangle (nylon tubulaire)	15 mm	600 à 700	
	25 - 28 mm	1 420 à 1 720	Assure une chute
Sangle (nylon plate)	15 mm	660 à 800	
	30 mm	1 280 à 1 540	Assure une chute
• Anneaux de sangle cousus (commercialisés)			
Sangle (nylon plate ou tubulaire)	20 - 30 mm	1 840 à 2 240	Assure une chute

* Attention à la qualité des câbles. De plus, le sertissage est réalisé par un manchon métallique, quelquefois revêtu de plastique ; ceci provoque, en cas d'humidité, une corrosion importante des câbles.

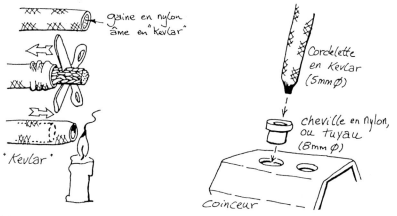

Placement du nœud dans les gros coinceurs

Il est conseillé de placer le nœud sur un seul côté (pas entre les deux trous, voir dessin) pour des raisons de solidité :

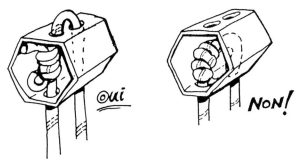

Utilisation des bandes de « scotch » : en scotchant les brins de la cordelette, la tendance des coinceurs à l'emmêlement est ainsi enrayée. Mais il faut laisser une marge suffisante pour l'utilisation éventuelle du coinceur comme simple anneau de cordelette avec deux mousquetons. Cette pratique aura comme inconvénient de rayer la possibilité de faire glisser la tête du coinceur le long de la cordelette pour passer un brin sans nœud derrière un obstacle.

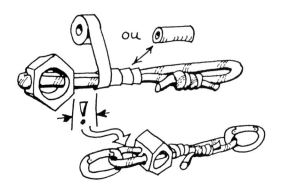

4. Techniques du coincement (problème de stabilité)

Habituellement, les coinceurs ne peuvent tenir un choc que dans une seule direction, ce qui explique le danger de se raccrocher à un coinceur lors d'une chute. Certaines situations sont spécialement problématiques, telles les traversées (même courtes). Comme nous en avons déjà discuté (chap. IV, § 2), chaque fois que vous modifiez la direction de la corde dans une longueur, vous introduisez lors d'une chute des tractions vers le haut ou sur le côté sur tous les coinceurs posés. L'effet peut être dramatique par l'arrachement de tous les points d'assurage du bas jusqu'au point principal non inclus.

Un principe simple : si vous réduisez le tirage dû au frottement de la corde, vous réduirez le risque de dégagement.

La direction du choc éventuel vu sur un coinceur est présentée dans le dessin ci-dessous avec l'emplacement typique de la corde :

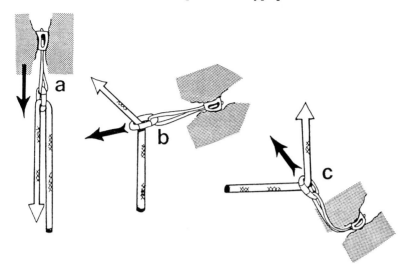

Traction sur le coinceur principal (a) et coinceurs secondaires (b) et (c). (La flèche sur la corde indique la traction ; la flèche noire, le choc sur le coinceur.) La situation typique (b) est responsable de la majorité des dégagements de coinceurs lors de la montée du premier. Et pourtant, dans ce cas, le seul « choc » subi est donné par ses propres mouvements... que penser d'une vraie chute ?

Pour résoudre ce problème délicat, il faut soit obtenir un placement de coinceur stable envers les chocs principaux ou secondaires qu'il peut subir, soit poser un deuxième coinceur susceptible de supporter le choc secondaire. Parfois le placement astucieux d'un coinceur peut stabiliser l'ensemble des autres points posés au-dessus (voir dessin).

Il faut prendre comme principe de base que le placement des coinceurs devrait être plus généreux qu'un assurage par pitons ou spits. Ce problème de stabilité nous amène, en plus, à déconseiller (surtout au grimpeur inexpérimenté) l'utilisation des coinceurs pour la pose d'un relais, ou même comme premier point d'assurage près du relais ou encore après une traversée.

Comment rendre le placement d'un coinceur plus stable ?

Connaissant les problèmes de stabilité, on peut comprendre que 30 à 50% des coinceurs posés « bêtement » sont arrachés lors d'une chute. Que faire pour s'assurer que ces coinceurs tiennent ?
• Chercher les endroits de la fissure où l'on peut bloquer le coinceur sur trois de ses côtés : on obtient alors un double blocage.
• Utiliser deux coinceurs ensemble. Mais attention au *triangle des forces* (voir plus haut) pour les coinceurs opposés horizontalement. En cas de chute, ceux-ci peuvent recevoir un sacré choc transversal.
• Attacher un anneau de cordelette ou une sangle au coinceur. Le mouvement imprimé à la corde se répercutera sur la cordelette et non sur le coinceur. *(Attention aux coinceurs à câble : le câble peut parfaitement couper une sangle sous un choc... il faut employer un mousqueton !)* On pourra

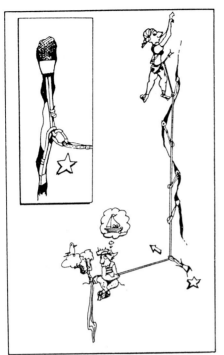 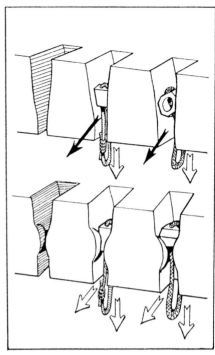

aussi utiliser un anneau, lesté d'un autre coinceur; le poids de ce dernier peut stabiliser l'ensemble.
• Mettre le coinceur en position de came et tirer légèrement dessus. Ainsi il sera bloqué; mais trop c'est trop... surtout pour le deuxième!
• Une autre méthode pour stabiliser les coinceurs, lorsqu'ils sont nombreux, est d'utiliser deux cordes indépendantes (voir plus loin).

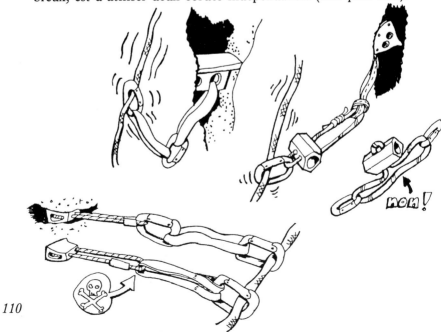

- Fissure horizontale ? Il y a quelques possibilités :
— Souvent, un coinceur peut être glissé derrière une bosse ; les coinceurs à came (hexentrics, friends, etc.) sont généralement plus utiles pour les fissures larges.
— Parfois on peut poser un piton servant de coinceur (à la main, sans force, ni marteau) dans une fissure inclinée vers l'arrière et le bas.
— La pose de deux coinceurs en opposition peut s'avérer très artistique (voir comment plus haut).

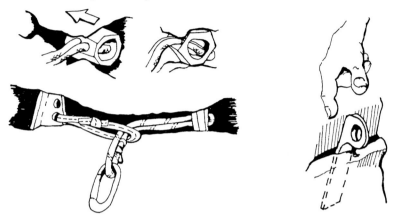

- Pour les trous ? N'oubliez pas que deux trous, trop petits pour supporter un coinceur, peuvent recevoir le câble du coinceur (dont la tête a été déplacée), un mousqueton empêchant son dégagement.

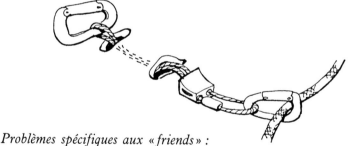

Problèmes spécifiques aux « friends » :
Les « friends » restent un cas particulier en raison de l'action des ressorts entre les deux paires de cames. Il faut absolument équiper le friend avec un anneau de cordelette (du type kevlar) ou une sangle d'au moins 15 cm de longueur pour éviter la répercussion du mouvement de la corde sur le friend lui-même. En effet, il a une forte tendance à se déplacer vers les endroits plus évasés de la fissure, aidé par le mouvement de la corde et l'action de ressort... *Un vrai crabe!*

Pour s'assurer d'une sécurité maximale avec les friends :
- Utilisez-les de préférence dans les fissures qui ne sont pas trop ouvertes dans le sens du choc éventuel (attention aux fissures ouvrantes au-dessus de 10° en granit et au-dessus de 0° en calcaire). Sachez bien que les petites tailles sont moins résistantes.
- Posez le coinceur « moyennement fermé » de façon à laisser environ 2 cm de cames à dérouler. Par contre, trop fermé, il serait difficile à dégager.

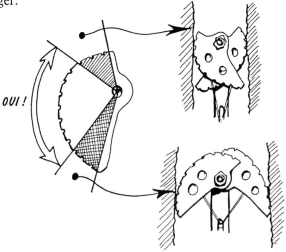

- En aucun cas n'utilisez le coinceur (même pour l'artif) si les cames s'ouvrent sous une charge : le moindre mouvement est suspect.
- Vérifiez que les cames fonctionnent correctement « en opposition » et que le manche ne puisse pas être plié sous un choc (voir dessins). Évitez de poser le friend en plusieurs mouvements, car une des cames peut

Situations dangereuses avec les friends.

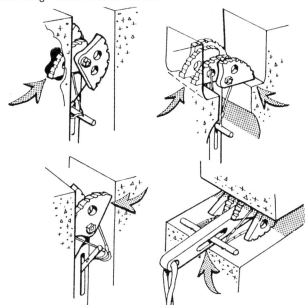

se retourner totalement. Les cames grandes ouvertes ne supportent guère que 250 kg... Évitez donc de les poser dans les endroits trop larges (trous, etc.). Utilisez des friends à manche souple pour les fissures horizontales.

Conseil pratique :
Le friend, très élaboré, est composé de pièces qui travaillent avec précision : évitez donc la poussière, le sable, la corrosion (il peut être lubrifié soit avec du graphite, soit avec du dégrippant WD-40 (conseil du fabricant), mais pas avec de l'huile!).

5. Coinceurs «extrêmes»

On inclut ici les coinceurs et autres matériels (pitons exclus, voir chapitre suivant) destinés plutôt à la progression en artif. Leur résistance varie entre 200 et 500 kg (sans compter la qualité du rocher). Ils ne peuvent donc supporter, dans de bonnes conditions, que les courtes chutes. L'emploi des sangles-amortisseurs permet de repousser leurs limites. Leur surface de contact avec le rocher étant très limitée, on ne sera pas surpris de trouver que c'est la dureté du rocher qui limitera leur tenue.

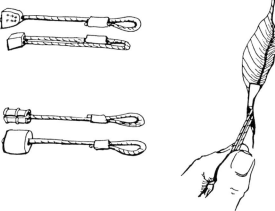

Les micro-coinceurs : de petite taille, destinés au granit, ils sont fabriqués en acier ou laiton; le câble est soudé à l'ensemble. Les coinceurs en laiton offrent une meilleure stabilité dans leurs placements mais leur résistance est moins bonne que celle des coinceurs en acier. La forme des coinceurs, de R.P. en laiton ou de Chouinard en acier, est particulièrement bien adaptée aux trous laissés par un ancien pitonnage en granit. Ainsi, ils permettent d'assurer, sous réserve de les placer tous les 2 mètres, l'escalade en libre «extrême» de fissures gravies jusqu'alors en A2 ou A3.

Les têtes en cuivre et bashies : ces «coinceurs» sont placés à l'aide d'un marteau et se conforment au rocher. Fabriqués soit en cuivre soit en aluminium, ils constituent la technologie de pointe pour les fissures de faible profondeur, les rainures... enfin la technique A4... A5 en artif.

Les crochets : il en existe deux sortes. Dans chaque cas, on les aménage avec une courte sangle ou cordelette pour éviter un dégagement intempestif. Leur résistance?...ils ouvrent vers 200 à 300 kg, mais ils peuvent «décrocher» vers 140 kg...

1. *Sky-hooks* : crochets de forme triangulaire, ils peuvent tenir sur de petites écailles à la surface du granit ou sur n'importe quel petit gratton...
2. *Crochets* (classique) : un peu moins stables sur les grattons, leur utilité est évidente pour les trous et gouttes d'eau en calcaire.

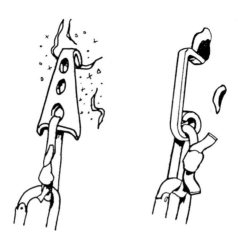

6. Dégagement des coinceurs

Un coinceur bien placé peut tenir une traction dans différentes directions; pour obtenir cela, le placement fait appel aux imaginations les plus fertiles, ne simplifiant pas la récupération par le deuxième.

Tirez et la «bête» sera davantage coincée. Étudiez donc la forme de la fissure et celle du coinceur. Celui-ci a pu être inséré en rotation pour éviter un obstacle. S'il est posé en «came», il faut débloquer cette action en poussant vers le haut.

Le nut-key (ou décoinceur), loin d'être un gadget, permet un délogement rapide (même dans des situations inaccessibles aux doigts) en tirant ou poussant le coinceur.

Problèmes propres aux « friends » :

La récupération d'un friend est potentiellement plus difficile, même si la motivation pour leur dégagement est plus élevée...

Deux types de problèmes se présentent :

1. *Le friend est sévèrement bloqué*, les deux paires de cames étant opposées (friend inséré dans une fissure trop étroite). Dans ce cas, il faut tirer sur les deux côtés de la barre de relâche ; une technique conseillée par Wild Country est d'équiper vos friends de petites tailles avec une cordelette supplémentaire facilitant ainsi leur récupération (voir dessin).

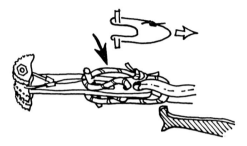

2. *Le friend est bloqué avec l'une des cames asymétrique et la barre de relâche est en travers* (voir plus haut § 4). Dans ce cas, le friend doit être travaillé sur le côté coincé en mobilisant le manche.

Remarque pour le premier de cordée :

Le temps perdu par le deuxième pour récupérer le matériel est une perte de temps pour la cordée. Ainsi, une traction inutile lors de la pose d'un coinceur peut rendre difficile, voire impossible, cette récupération.

Coinceur à trois cames (TCU) pour fissures étroites (< 20 mm de large). Il existe plusieurs modèles, solides avec manche souple... mais petite tendance à la rotation.

Pose d'un «spit» d'assurage dans les dalles inférieures de l'Envers des Aiguilles (Chamonix)... Gérard Hopfgartner au tamponnoir. Photo : Michel Piola.

VI. Le pitonnage

Utiliser des clous en ferraille pour attacher la corde au rocher est une idée ancienne. De tels pitons étaient déjà utilisés il y a cent ans, mais sans mousqueton ! Le grimpeur passait simplement sa corde dans l'œil du piton... L'extension du pitonnage comme moyen de progression artificielle est née de l'enthousiasme des grimpeurs allemands et autrichiens dans les années 1924 à 1936. De nos jours, utilisé plus souvent pour l'assurage que l'artif (passé de mode), le piton généralement rencontré (spit ou tige scellée) est posé dans un trou percé d'avance. Néanmoins, le piton « classique », placé avec marteau, reste un outil précieux en terrain d'aventure.

Le rôle de ce chapitre est d'apporter des notions sommaires sur l'art du pitonnage. Néanmoins, il faut ajouter que le choix du matériel équipant une école ou falaise doit rester une affaire locale.

Quelques considérations pour celui qui équipera les voies dans une école : pensez à placer les pitons et spits plutôt vers les points de « repos » naturels (même si les prises sont petites) qu'en plein milieu d'un passage athlétique. Parfois un piton très solide peut être planté à côté de la voie dans la même optique : éviter l'obligation de grimper en « tire-clous ». En plus, s'il y a un bon placement pour un coinceur, pensez sérieusement à éviter la pose inconsidérée d'un piton...

1. Notion de limite élastique et qualité du piton

Une idée de première importance est la limite élastique de l'acier utilisé dans le piton. La limite élastique est la force appliquée sur une section de piton au-dessus de laquelle le piton est définitivement plié. En-dessous de cette limite, le piton va jouer comme un ressort; il peut fléchir et revenir à sa position initiale. On peut donner comme exemple des fils en acier utilisés dans certains types de sculptures, faciles à manipuler. Par contre, le verre est solide mais il se casse facilement s'il plie trop.

Ces caractéristiques énumérées vont nous amener à parler des deux types de pitons en acier utilisés à ce jour.

2. Pitons en acier doux (pitons « européens »)

Ces pitons classiques sont fabriqués avec un acier doux ayant une limite élastique d'environ 20 kg/mm^2, ce qui est relativement bas comme on le verra par la suite. Ils sont remarquablement maniables et peuvent être placés dans des fissures sinueuses. Chaque coup de marteau forcera le piton au-dessus de sa limite élastique, entraînant un modelage du piton dans la fissure. Le dégagement en devient alors difficile puisqu'il est à nouveau nécessaire de dépasser cette limite élastique pour le déplier. Ceci introduit de plus la notion de « fatigue » de l'acier. De tels pitons sont donc généralement destinés à rester en place de façon permanente.

Idéals pour les rochers tendres, leur placement ne casse pas la pierre et ils sont parfaitement adaptés aux fissures diversifiées du calcaire. Malheureusement, la limite élastique étant relativement basse, même s'ils constituent de très bons points artificiels pour la progression (escalade tire-clous par exemple), ils ne tiennent pas remarquablement bien dans une chute; ils peuvent se plier et être arrachés de la fissure. Le point de rupture de ces pitons varie entre 400 et 1 600 kg en fonction du placement et de la forme (section) du piton. Pour les pitons plus ou moins classiques, ce point sera généralement aux alentours de 1 000 kg.

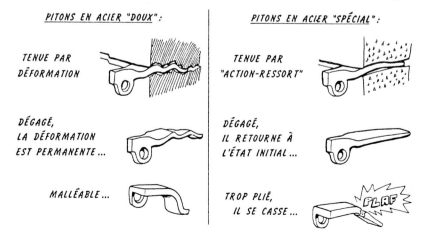

PITONS EN ACIER "DOUX":

TENUE PAR DÉFORMATION

DÉGAGÉ, LA DÉFORMATION EST PERMANENTE...

MALLÉABLE...

PITONS EN ACIER "SPÉCIAL":

TENUE PAR "ACTION-RESSORT"

DÉGAGÉ, IL RETOURNE À L'ÉTAT INITIAL...

TROP PLIÉ, IL SE CASSE...   PLAF

3. Pitons en acier spécial
(CMV : pitons « américains »)

Ces pitons en acier dur, aujourd'hui fabriqués en alliage de chrome-molybdène ou chrome-vanadium (CMV), furent à l'origine réalisés par John Salathe à partir de ressorts à lame provenant d'une carcasse de voiture (Ford modèle A) aux environs de 1946.

Conçus pour être utilisés dans les grandes falaises du Yosémite, leur limite élastique (environ 100 kg/mm^2) est cinq fois supérieure à celle des pitons en acier doux. Ils se comportent donc comme des ressorts et, leur limite élastique étant rarement dépassée, ils sont parfaitement réutilisables. Leur mise en place peut s'effectuer avec plus de force lors du martelage et, grâce à leur haute limite élastique, ils supportent un choc de plus grande intensité. Néanmoins, il subsiste deux problèmes avec ces pitons :

1. Le rocher doit être suffisamment dur pour résister à la pression qu'exerce un tel piton à son encontre (n'oublions pas qu'il se comporte comme un ressort). Le granit, contrairement au calcaire trop tendre, est bien adapté. Même le marteau doit être en acier spécial ou il sera détruit par une utilisation répétée.

2. L'emplacement du piton doit être correctement étudié, et on évitera de l'introduire dans un orifice sinueux; il risquerait alors de se rompre lors de la pose, par dépassement de sa limite élastique (rayon de courbure trop petit). Ce cas se présente plus en calcaire qu'en granit où les fissures sont plus franches.

On remarque ainsi que l'utilisation des deux types de pitons cités est complémentaire et qu'elle dépend du type de rocher rencontré. Néanmoins, entre ces deux pitons, la différence de base dans leur conception va diriger notre technique de mise en place et d'utilisation.

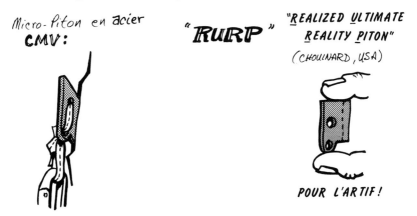

4. Mise en place

Il y a deux aspects dans le placement d'un piton :
1. le placement lui-même;
2. le problème du bras de levier.

a) Le placement

— Choix

Le placement d'un piton dans une *fissure horizontale* est évident et sa haute résistance est limitée par la qualité du piton (et, bien sûr, du rocher). Il faut souligner que les corniers doivent être insérés dos vers le haut.

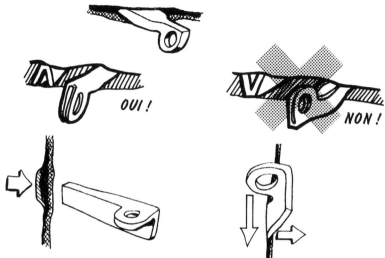

Par contre, le placement d'un piton dans une *fissure verticale* demande plus de réflexion. Il est souhaitable de trouver un endroit qui ressemble à une fissure horizontale, typiquement une excavation locale de la fissure. Sinon, il faut utiliser les propriétés des pitons eux-mêmes :
• soit l'action ressort développée lors du martelage et qui explique la tenue surprenante des cornières en CMV et des pitons en Z (aussi CMV de Ed Leeper);
• soit le verrouillage, donné par les pitons dont le plan de l'œilleton est transversal à la lame. Dans le cas où l'œilleton est sur un côté, le piton doit être placé œilleton vers le haut.

— Taille

La taille du piton est choisie en fonction de la largeur de la fissure. Avant d'être martelé :
Le piton en acier doux doit pénétrer du tiers de sa longueur.
Le piton en acier spécial doit pénétrer de la moitié de sa longueur.

— Martelage

Un piton correctement placé doit « chanter » avec une tonalité montante lors du martelage. Une tonalité restant basse indique l'ouverture de la fissure par une écaille qui bouge, un trou à l'intérieur du rocher, ou encore un rocher de mauvaise qualité.

Il est important de ne pas surfrapper, ceci pour deux raisons :
• Vous risquez de casser le rocher, ou le piton (exemple : rupture d'un cornier le long de son axe).
• Le dépitonnage est rendu difficile.

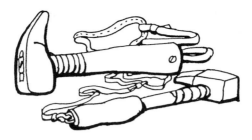

b) Problème du bras de levier

Le problème principal dans le placement d'un piton est donné par le bras de levier qu'il constitue. Contrairement aux coinceurs, le piton doit, de par sa longueur, résister à la fois au choc d'une chute et à la rotation, cette dernière pouvant conduire à son extraction. Naturellement, plus l'attache sur le piton va être éloignée du rocher, plus grand va être cet effet de rotation. Cette situation peut être évitée en prévoyant la largeur du piton à sélectionner. Ainsi, après le martelage, un placement correct doit amener l'œil du piton près de la surface du rocher. Si un tel emplacement s'avère impossible, on peut toujours améliorer la tenue du piton dans le rocher par l'attache d'une sangle ou anneau de cordelette sur le piton près de la surface du rocher (avec un simple nœud de prussik pour éviter qu'elle ne glisse...). Cette astuce de réduire le bras de levier, très utile dans les fissures de faible profondeur, est également utilisée en artif, où, pour des raisons de vitesse, le piton n'a pas été posé profondément (gain de temps lors du dépitonnage). Pour cette raison on porte en général, pour les grandes voies en artif du Yosémite, une vingtaine de mini-sangles (appelées localement « hero-loops », sangles de héros).

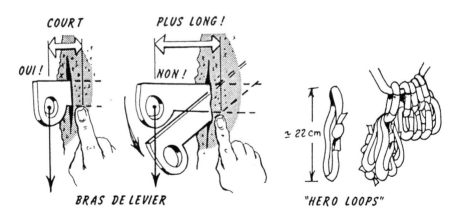

L'utilisation d'anneaux permet également de rassembler plusieurs pitons placés les uns contre les autres dans une fissure large mais de faible profondeur.

Enfin la tête des pitons *en acier doux* peut être martelée pour être pliée et aplatie contre la surface du rocher, amenant, là encore, la réduction du bras de levier.

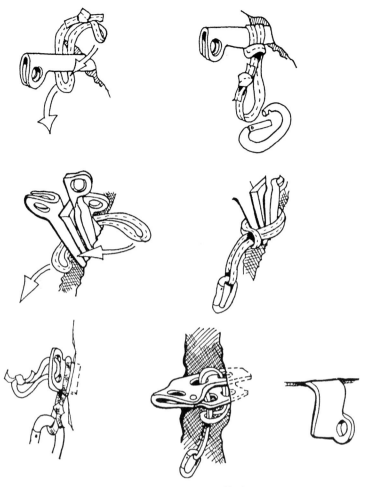

Techniques réservées à l'artif.

5. Dépitonnage

Les difficultés (autres que les problèmes de balance, prise de pied, tension nerveuse, etc.) sont liées au type d'acier utilisé.

Dégagement des pitons en acier spécial
Ils sont maintenus en place par une action de ressort générée par la flexion légère de la lame contre les irrégularités de la fissure. Ils sont généralement faciles à dégager, sauf si le piton a été surfrappé. Il convient de les marteler en les soumettant à un mouvement de va-et-vient dans la fissure (en poussant totalement vers la droite puis totalement vers la gauche); leur forme, légèrement prismatique, joue comme levier aidant au dégagement. Éviter de marteler l'œil, fragile, du piton, viser plutôt les zones plus solides.

Attention à la chute du piton : le dégagement peut être plus rapide que prévu!

Personnellement, je ne trouve pas très utile d'attacher le piton à une cordelette, pour éviter de le perdre. Imaginez un instant : la corde devant le nez, un marteau relié à votre buste par une cordelette, enfin, une troisième cordelette pour sauver le piton... de quoi s'emmêler ! En plus vous risquez d'abîmer le mousqueton attaché au piton...

Remarque pratique : beaucoup de dépitonnage à faire dans les fissures cristallines (pitons enfoncés à l'intérieur)? Moins de sang perdu si vous utilisez des bandes ou un gant...

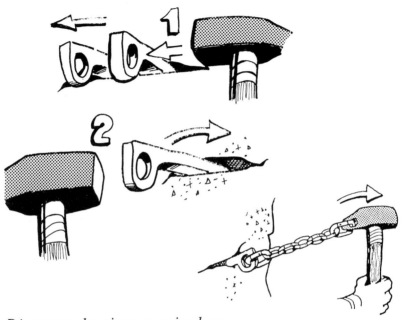

Dégagement des pitons en acier doux
Problème plus aigu car la tenue des pitons est ici aidée par sa déformation dans la fissure. Les dégager suppose de retravailler le piton ; ceux de forme prismatique peuvent être dégagés comme indiqué plus haut, mais les pitons avec épaisseur uniforme doivent être « démartelés » avec une chaîne (composée de mousquetons par exemple) attachée au marteau. Ce travail demande autant d'efforts physiques que la mise en place ; de plus, le sens du martelage est inversé, ce qui n'offre aucune possibilité pour un bon coup de marteau.

Toutes ces remarques sur le dépitonnage montrent l'énorme gain de temps que représente, pour une cordée, l'utilisation des coinceurs, aussi bien dans leur placement que dans leur dégagement.

6. Collage des pitons au mortier

L'ancienne technique consistant à sceller les clous au mortier dans les falaises d'école est aujourd'hui déconseillée. Le mortier cache en effet la corrosion tout en l'accélérant. Les avis se tournent donc vers les scellements par résine Epoxy (voir section suivante).

7. Pitonnage par forage : pitons à expansion ou scellés

Les falaises abondent en voies magnifiques mais sont quelquefois dépourvues de toute possibilité d'assurage naturel. Les seules solutions restent la perceuse autonome ou le forage d'un trou à l'aide d'un marteau et d'un tamponnoir en vue d'y introduire ces pitons.

Non sans certaines discussions «chaudes», l'emploi d'un tel matériel originaire de «l'artif» a été lentement mis au point. Côté technique, les choses sont aujourd'hui plus claires, avec un choix d'équipement bien adapté au type de rocher rencontré et possédant une résistance comprise entre 1 800 et 2 500 kgf :

- **Rocher dur** (granit, gneiss, quartzite et calcaire dur type Verdon) : pitons-chevilles à expansion de qualité équivalente à la cheville Spitroc SRD 10. Équipées avec plaquettes «cœur» de Petzl ou Troll et boulons en acier spécial.

- **Rocher moyen à tendre** (grès et calcaire jusqu'au type Buoux) : soit pitons chevilles à double expansion de qualité équivalente à celles de Petzl, équipées de plaquettes «cœur» de Petzl ou Troll; soit tiges de tendeur de câble de 12 mm de diamètre (scellées avec une résine Epoxy) dont la longueur doit correspondre aux besoins rencontrés : 7 cm pour rocher moyen à 11 cm en rocher très tendre.

Pitons à chevilles à expansion

Deux types sont en vente : chevilles autoforeuses (ex. : Spit-roc) et chevilles à expansion (ex. : Long life de Petzl). Les problèmes rencontrés avec les spits de 8 (SRD 8) de style rupture de cheville, etc. ont motivé l'utilisation plus générale des spits de 10 surtout pour relais et passages expo.

La pose de ce matériel est simple mais reste soumise à quelques règles :
- Le trou foré (même avec perceuse) doit impérativement être terminé au marteau-tamponnoir et à la cheville autoforeuse afin d'assurer une tenue adéquate de la cheville.
- La profondeur du trou est plus ou moins précise : environ 2 mm plus profond que la longueur de la cheville. Trop profond et l'expansion de la cheville sera insuffisante; trop peu et la plaquette constituera un bras de levier sur la cheville.
- Suite au forage, la cheville doit être martelée après introduction d'une pièce conique (exception : Long life de Petzl) permettant l'expansion. Une fois en place, le moindre jeu de la cheville doit nécessiter son dégagement. Il n'y a, en effet, aucun moyen de la resserrer.

Pitons chevilles à double expansion

Ce matériel offre une meilleure résistance en rocher tendre par la longueur de sa cheville (6 à 7 cm), un trou d'un diamètre de 14 mm, et

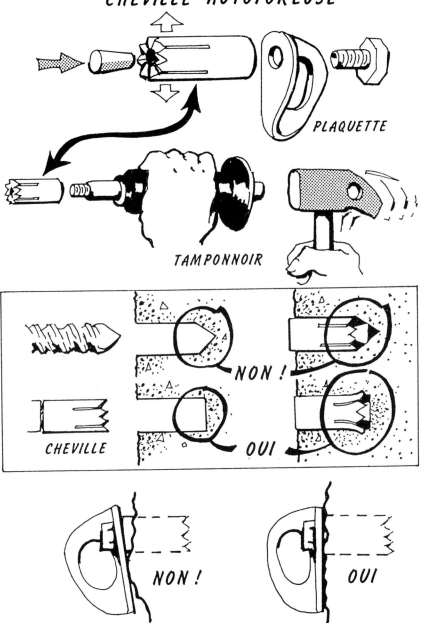

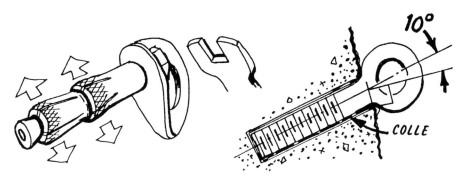

**CHEVILLE
À DOUBLE EXPANSION**

**TIGE DE TENDEUR
DE CABLE**

sa double expansion (serrée par une clé). Un avantage : la possibilité de la resserrer s'il prend du jeu.

Tiges de tendeur de câble : scellement à résine Epoxy

Méthode sûre si elle est réalisée avec soin. La tige de 12 mm de diamètre (Forges et Estampage de Château-Regnault) est scellée dans un trou de 14 mm (sur-dimension obligatoire) avec une résine Epoxy de type Sikadur 31. Préalablement dégraissée (alcool, essence ou tolluène), elle est soigneusement enduite de colle ainsi que le trou, jusqu'à obtention d'un léger débordement lors de l'insertion de la tige. Tout ce travail par temps sec, température comprise entre 5 et 25°C. Le temps de durcissement est de 48 heures, après quoi une vérification est obligatoire : gardez donc un peu de votre mélange de colle dans les mêmes lieux; s'il reste visqueux après 3 jours, vos scellements sont à refaire...

Rappel sur descendeur dans les Dentelles de Montmirail (Vaucluse). Photo : Brigitte Rander.

VII. Rappels et techniques diverses en falaise

Ce chapitre regroupe, malgré leur apparente innocence, des situations probablement parmi les plus dangereuses dans le domaine de l'escalade en falaise : la descente en rappel, l'auto-assurage en « top-rope » et la progression en artif. Ces points ont en commun la dépendance totale du grimpeur face à son matériel, d'où une attention toute particulière à apporter aux détails.

1. Rappels et pose des rappels

A la base, la notion de rappel est simple : glisser le long d'une corde double dont l'un des brins a été préalablement passé derrière un solide point d'ancrage (arbre, becquet de rocher, pitons...). La vitesse de descente est contrôlée par un descendeur-frein, auquel s'ajoute, par précaution, un système de sécurité (top-rope, shunt, prussik) permettant en cas de lâchage accidentel du frein de retenir la « glissade » qui en découlerait. La récupération de corde (manœuvre qui intrigue souvent les inexpérimentés) s'effectue en tirant vers soi l'un des deux brins jusqu'à obtention de la corde, entière et intacte, pour le prochain rappel (... pas aussi simple dans la pratique !).

JAMAIS DE RAPPEL SANS PRUSSIK OU "SHUNT"!

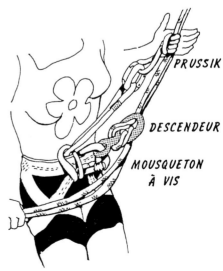

PRUSSIK
DESCENDEUR
MOUSQUETON À VIS

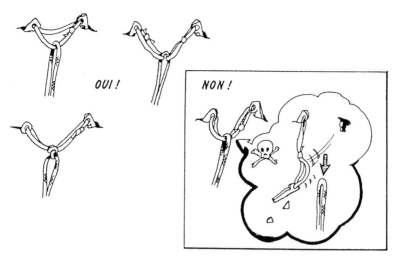

Une remarque qui peut surprendre : le rappel n'est autre qu'une chute parfaitement contrôlée ! En fait, toute l'énergie générée par le grimpeur « en chute » est dissipée en chaleur provenant de la friction de la corde d'une part sur le descendeur, d'autre part sur la main de contrôle. Un lent rappel permettra à cette chaleur accumulée de s'échapper dans la corde et dans l'air ambiant. Les grimpeurs ayant descendu sur une longue corde fixe (comme au Verdon) se souviendront de leur surprise en touchant leur frein brûlant s'ils sont descendus trop vite. Enfin, l'intérêt des descentes lentes est de réduire également l'importance du choc sur les points d'attache du rappel. Un simple saut en début de descente peut leur imputer un choc inutile de quelques centaines de kilos. Cette remarque est encore plus fondée pour les rappels sur cordes dites « statiques » (ex. : cordes de spéléo).

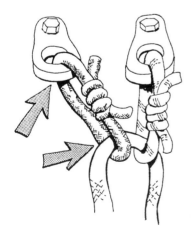

CORDELETTE NEUVE

APRÈS UN "WEEKEND"...

APRÈS QUELQUES SEMAINES

Choix du descendeur
   Différents descendeurs peuvent être employés ce qui inclut les types de frein utilisés pour arrêter les chutes. Les freins les plus courants :
— Le huit : de loin le plus généralisé et le plus fiable.
— Le « mini-huit », type New Alp ou autre.
— Les quatre mousquetons, méthode de fortune fiable.
— Le demi-cabestan, demandant un large mousqueton à vis.
   Remarque pour les utilisateurs de cordes sales et mouillées (spéléo, cascade...) : un usage excessif de votre descendeur jusqu'à entame de l'aluminium peut le rendre fragile.

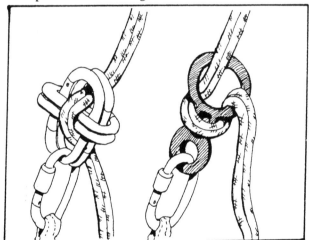

Un système de sécurité est toujours nécessaire
   Tout débutant devrait être assuré depuis le haut (top-rope) pour effectuer ses premiers rappels. Et pour les autres ? Aucun d'entre nous ne devrait descendre sans système de sécurité. Le meilleur choix est un shunt ou prussik (anneau de cordelette de 5,5 mm) placé sur la corde lors du rappel et lié au baudrier. Mais attention ! Votre shunt ou prussik ne pourra retenir votre « chute » éventuelle que dans la mesure où vous le lâcherez ! ... Let go to stop ! Le shunt reste notre favori pour les rappels en cascade, sous un orage, ou pour les inexpérimentés de rappel expo (fil d'araignée), sachant que le prussik bloque trop facilement dans ces situations. Il faut signaler qu'il est toujours possible depuis le bas, de contrôler, voire de stopper la descente d'un grimpeur en tirant sur les deux brins de la corde de rappel. Ceci permet, en cas d'urgence, de supprimer le shunt/prussik pour les autres grimpeurs, une fois le premier descendu.

Installation du descendeur et du shunt/prussik
Deux méthodes, quasi-équivalentes, sont pratiquées aujourd'hui :
1. La majorité des grimpeurs attachent leur descendeur directement au baudrier par l'intermédiaire d'un mousqueton à vis; le shunt/prussik, plus éloigné, est placé sur un court anneau/sangle relié à ce même mousqueton à vis (ou à une paire de mousquetons dont les portes sont opposées). Cet anneau/sangle ne doit pas être trop long : impossible de débloquer un prussik à bout de bras!
2. Dans l'autre méthode, le descendeur, relié au baudrier par une sangle, est placé plus haut que le prussik, réduisant ainsi la tendance de celui-ci au blocage. Cette méthode évite, de plus, le coincement accidentel de vêtements (ou autre) dans le descendeur, mais nécessite un prussik court. Par contre, cette technique est parfois moins bonne pour les rappels comportant des passages de toits.

Points d'attaches d'un rappel
Un pénible doute s'insinue doucement dans votre esprit : ...le point d'attache va-t-il tenir? Pour en être sûr, utilisez au minimum deux points d'attache solides et autonomes excepté en la présence d'un arbre robuste (ou autre). La corde est reliée à ces points d'attache par un ou plusieurs anneaux (ou sangles) disposés de telle sorte que si l'un des deux points cédait, la corde reste maintenue par le deuxième. Le moindre doute sur leur solidité nécessite de les remplacer ou, en cas d'impossibilité, de rajouter en les condamnant pitons ou coinceurs supplémentaires... voire tout simplement de chercher un meilleur endroit!
En fonction du terrain, pensez enfin à employer des anneaux d'attache suffisamment longs pour faciliter la récupération de corde. A noter que le vieillissement des anneaux, composés de nylon/polyamide, est largement accéléré par l'exposition au soleil, sans compter les brûlures occasionnées par les multiples rappels précédents.
La cordelette nécessaire est de 8 mm de diamètre (éventuellement 6 mm doublée) nouée avec un nœud de pêcheur; pour une sangle plate, 25 à 30 mm de large, nouée avec un nœud de sangle/américain.

Conseils pratiques :

a. *Pose d'un rappel*
- **Utilisez au moins deux solides points d'attache**. Chacun doit être susceptible de supporter au minimum 600 kg F (malgré vieillissement, rouillure ou mauvaise qualité de placement).
- **Vérifiez et remplacez les vieilles sangles** (que valent-elles comparées à une vie!).
- Placez la corde de rappel à travers la/les sangles de telle manière qu'elle soit toujours maintenue même si l'un des points d'attache cédait.
- Prévenir du jet de corde. Chaque brin doit être tenu en deux groupes d'anneaux séparés pour éviter un enchevêtrement de la corde lors du jet.
- Pour les rappels exposés (fil d'araignée), prévoir un nœud en huit sur le bout de la corde.

b. *Le rappel*
- **Ne pas relier deux cordes d'un diamètre trop différent** par risque de glissement exagéré du brin de faible diamètre !
- **Utilisez un descendeur : « huit » ou autre choix, attaché solidement à votre baudrier avec un mousqueton à vis.**
- **Vérifiez les boucles d'attaches de votre baudrier.**
- **Ajoutez un système d'assurage parallèle :** pour les débutants, assurage depuis le haut ; pour les autres, **shunt ou prussik**.
- Dans la descente, surveillez cheveux, vêtements, sangles, etc. qui pourraient se prendre dans le descendeur.
- Modérez votre vitesse surtout si le descendeur devient chaud, et évitez les grands sauts.
- Attention aux traversées... Vous pourriez dégager les cailloux sur les vires adjacentes... Portez éventuellement un casque.
- Evitez de passer la corde sur les bords escarpés du rocher (risque de cisaillement), ou dans les fissures (difficulté possible de récupération).
- La récupération de corde sera plus aisée si, en fin de rappel, les deux brins, toujours maintenus tendus, sont séparés (évite le risque d'enchevêtrement).

c. *Une fois en bas*
- Si vous n'êtes pas arrivé au sol, attachez-vous aux points de protection les plus près (spits, coinceurs, arbre...).
- Vérifiez que la corde peut être tirée sans difficulté en lui imposant quelques mouvements de va-et-vient.
- Protégez-vous des chutes de pierres possibles en provenance du prochain grimpeur en rappel.

d. *Récupération de la corde*
- Retirez-la sans brusquerie, pendant que vos copains s'abritent des chutes éventuelles de pierres entraînées par le passage de la corde.
- Si la totalité de la corde ne revient pas, **n'essayez surtout pas de remonter sur un seul brin**, et réfléchissez avant d'entreprendre quoi que ce soit !...

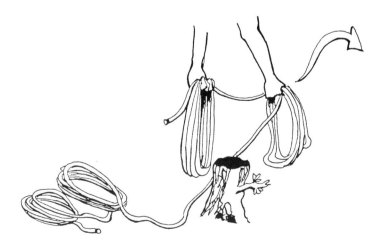

2. Auto-assurage en « top-rope »

Cette technique, réservée aux grimpeurs expérimentés, vous permet de grimper seul, auto-assuré, et de travailler en semaine quand les falaises sont désertées. *Seul avertissement : les techniques présentées ici sont strictement limitées au «top-rope»* ; elles ne sont pas adaptées à l'escalade solitaire «en tête de cordée» où les chutes peuvent être beaucoup plus importantes.

Cette méthode est la suivante : le grimpeur fixe sa corde en haut de la voie sur des attaches solides (nœud en huit). Ensuite, il descend en rappel, et remonte la voie en escalade, attaché à un type de «bloqueur» (ex. : Jumar ou Petzl) qui coulissera le long de la corde. La façon de l'attacher au baudrier dépendra du modèle de «bloqueur» choisi. Pour faciliter le coulissement de celui-ci, le grimpeur laisse pendre un léger poids au bout de la corde (1 kg suffit). Le coulissement automatique du «bloqueur» est essentiel pour réduire au strict minimum la hauteur d'une chute sur celui-ci.

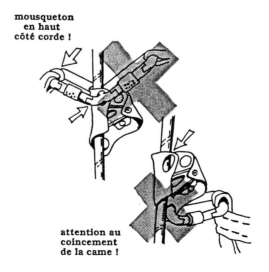

Deux méthodes pratiques d'attache au « bloqueur »

1. *Soit avec un cuissard : pour les modèles Basic et Expédition de Petzl.* Dans ce cas, le « bloqueur » est attaché au cuissard, avec un mousqueton à vis, dans un trou spécialement conçu sur la « tête » (voir dessins). Deux rondelles en caoutchouc (confectionnées soi-même), placées de part et d'autre du bloqueur, peuvent limiter le mouvement de celui-ci sur le mousqueton à vis, éliminant sa fâcheuse tendance à se coincer dans l'angle du mousqueton. Les avantages de cette méthode sont sa simplicité et le fait que la corde ne puisse s'échapper lors de l'ouverture manuelle de la came (pour descendre d'un pas...).

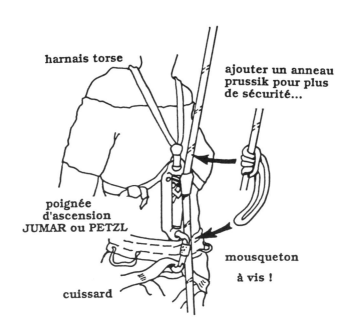

2. *Soit avec un cuissard plus harnais « torse » : pour poignées de Jumar et Petzl.* Le « bloqueur » est attaché au cuissard par un mousqueton à vis, et sa « tête » est maintenue haute par le torse. Celui-ci, que vous pouvez confectionner vous même avec une sangle, remonte le « bloqueur » aussi haut que possible à chaque pas. C'est une adaptation de la technique « DED » utilisée depuis longtemps par les spéléologues. Elle garantie que le « bloqueur » coulisse sans problème sur la corde.

Comment peut-on éviter un « faux pas » en auto-assurage ?

- Utilisez une corde d'escalade de 10,5 mm de diamètre, mais pas de corde de rappel (9 mm ou inférieur) par risque de rupture de la corde.
- *Avant de grimper, vérifiez que la gachette de votre bloqueur est bien fermée et que l'attache au baudrier est correcte (mousqueton à vis obligatoire!).* Si vous avez besoin de reprendre du mou sur la corde, vous pouvez dépresser légèrement la came avec un doigt... mais ne l'ouvrez en aucun cas totalement avec la gachette de sécurité... vous risqueriez ainsi de perdre la corde (et peut-être votre vie!).

- **N'utilisez ni un shunt, ni un nœud autobloquant (type prussik) comme substitut d'un vrai « bloqueur » mécanique.** Par contre, rien ne vous empêche d'ajouter un court anneau-prussik au dessus du « bloqueur » pour obtenir une sécurité supplémentaire. Dans ce cas, le nœud auto-bloquant (très légèrement desserré) sera avancé par l'effort du « bloqueur » qui le pousse... sauf si votre corde est sale et mouillée.

- N'oubliez pas de garder un moyen de sortie dans une voie surplombante ou extrêmement difficile : nous vous conseillons de porter, en plus, une poignée auto-bloquante ou un anneau-prussik avec un étrier/sangle qui vous permettra soit de remonter la corde soit d'installer votre descendeur de rappel.

- Si vous partez grimper seul, prévenez un copain de vos projets... un détail, mais qui peut servir...

3. Pendules

La technique de pose d'un pendule (parfois athlétique) permet de traverser une zone sans prise. C'est un moyen d'artif simple, mais, comme dans la technique de traversée à l'aide d'une corde, le problème se pose pour le passage du deuxième. Il y a plusieurs solutions, un exemple est présenté ci-dessous :

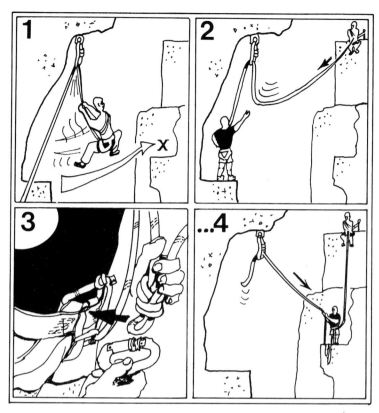

Le pendule du deuxième se fait sur deux brins de la corde, les deux étant attachés au baudrier, ce qui permet ensuite de rester assuré lors de la récupération de la corde.

4. L'Artif et les problèmes des grandes parois

La progression par moyen artificiel n'est pas une nouveauté dans l'escalade puisque la notion d'artif est déjà présente lors d'une traction sur piton dans un passage sans prise. C'est dans les dernières décennies que l'artif soutenu a trouvé sa plénitude, et ceci surtout dans le Yosémite où les grimpeurs ont dû développer des méthodes efficaces pour gravir des parois de 1 000 mètres d'un granit presque parfait. Aujourd'hui, les techniques d'artif regroupent les méthodes utilisées en granit avec celles, plus classiques, du calcaire. L'évolution du matériel (et certainement des idées) permettant de pousser les limites, de nombreuses voies faites auparavant en artif se font aujourd'hui en libre ; mais dans les grandes parois il restera encore des passages critiques où il faut savoir utiliser des étriers...

a) Moyens de progression

En artif, tous les points d'assurage (pitons, coinceurs, etc.) peuvent être utilisés comme moyen de progression ; il suffit pour cela qu'ils

Récupération « en artif » du matériel dans une fissure parfaite (Californie). Photo de l'auteur.

puissent tenir l'équivalent de deux fois votre poids. La progression est donc possible avec des pitons extrêmement minces, des coinceurs de petite taille ou encore des crochets. Il est tout de même sage d'incorporer quelques points solides dans les longueurs d'artif au cas où...

POUR CHAQUE ÉTRIER :
PRÉVOIR 360 À 390 CM
DE SANGLE PLATE

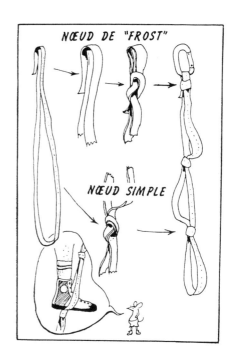

NŒUD DE "FROST"

NŒUD SIMPLE

b) Mode de progression en artif soutenu

Les grimpeurs utilisent pour l'escalade une corde simple de 11 mm de diamètre (45 à 50 mètres de long) et portent une corde simple de 8,5 mm ou 9 mm de diamètre (de même longueur) pour le hissage du matériel et le rappel éventuel.

Cette «méthode yosémite» réduit au minimum la manipulation de la corde :
1. Le premier de cordée place un piton ou coinceur le plus haut possible.
2. Il attache mousqueton et étrier. Avant de monter, il saute légèrement dessus, permettant de tester le point de progression à environ 120 kg. Le moindre mouvement du piton justifie son remplacement.
3. Confiant, le premier de cordée progresse jusqu'à la limite de son étrier et, à cet instant, il attache la corde au mousqueton. (Il faut que celui-ci ouvre malgré le poids du grimpeur sur l'étrier.)
4. On répète (25 à 30 fois par longueur...).

En ne mousquetonnant le prochain piton qu'à sa hauteur, cette méthode évite un va-et-vient d'environ 1 mètre de corde entre le premier et le relais à chaque piton (ce qui revient à tirer une trentaine de mètres de corde, par longueur, inutilement). Un autre avantage de ce système provient du fait que chaque piton est testé; si le piton est arraché au moment du test, le choc sur le piton précédent sera faible.

c) Relais en parois

Poser un relais dans une paroi sans vire est un problème « classique » des grandes voies d'artif. Quelques recommandations sont nécessaires :
- *Prévoir au moins trois points d'attache indépendants*, sur le rocher (par exemple deux points sur le relais reliés au troisième, premier point de la prochaine longueur).
- Prévoir un assurage dynamique ; puisque le frottement sur les mousquetons est élevé, le risque d'arrachement des points de progression, lors d'une chute, est grand.

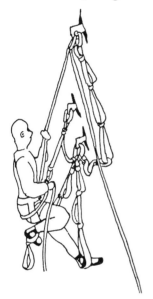
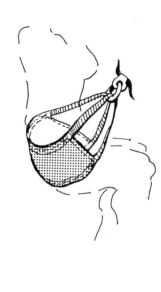

- Un siège de relais (soit en filet, soit en nylon tissu) réconforte le grimpeur dans son attente.
- L'arrivée du deuxième au relais est un moment critique :
— *ne pas supporter le poids de deux grimpeurs sur un seul point d'attache;*
— *il y aura moins de complications si le deuxième passe en premier (escalade en réversible);*
— *prévoir un étrier ou une sangle sur le point d'attache situé au-dessus du relais, facilitant le changement de tête de cordée.*

d) Ascendeurs : dépitonnage et hissage du matériel

Les ascendeurs prévus pour les sauvetages en crevasse (exemples Jumars ou poignées Petzl, etc.) peuvent permettre un gain de temps et d'énergie considérables dans les longues voies d'artif et ceci principalement dans deux domaines : le dépitonnage et le hissage du matériel.

Le dépitonnage :
Le travail « d'esclave » pour récupérer le matériel posé dans une voie d'artif non équipée est largement facilité par les ascendeurs qui évitent une répétition de mouvements inutiles au deuxième. Ainsi, celui-ci monte

la corde fixée au relais avec les étriers mousquetonnés aux poignées autobloquantes. Il est assuré par un prussik maintenu sur la corde au-dessus des poignées. De cette façon, le prussik, non serré, avancera grâce aux mouvements de la poignée supérieure. Dans la version la plus «pénarde» de ce système, on y trouve le deuxième assis sur son siège attaché à l'une des poignées et les deux étriers à l'autre... Évidemment cette technique n'est pas très efficace dans une traversée! (La solution de ce problème n'est pas évidente, réfléchissez-y avant de la pratiquer.) Il faut noter qu'une corde de trois peut utiliser cette technique pour escalader une paroi à haute vitesse. Avec deux jeux de pitons/coinceurs, ils travaillent à deux équipes (deux escaladent, le troisième, autonome, fait la récupération). Les questions sociales soulevées par cet esclavage débordent le cadre de ce livre...

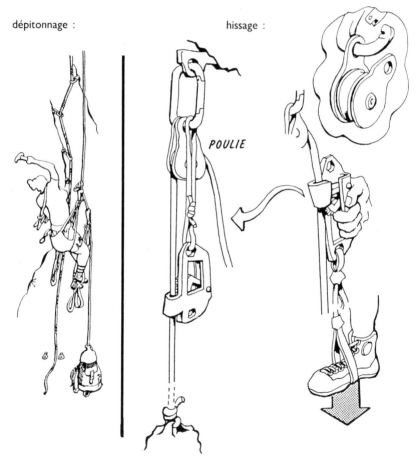

dépitonnage :

hissage :

POULIE

Le hissage :

Idée géniale datant d'une ascension d'El Capitan par Royal Robbins et Tom Frost en 1964 et permettant d'économiser muscles des bras et moral des troupes puisque l'effort n'est plus concentré que sur les jambes. Il faut deux poignées et une petite poulie pour confectionner ce système (voir dessin). (Pour notre cordée de trois, j'espère que la possibilité d'utiliser également le troisième pour ce petit boulot ne vous a pas échappé...)

e) Bivouac dans le gaz...

Quoi de plus beau qu'une nuit étoilée, l'aspect argenté d'une forêt sous vos pieds ! Qui n'a pas rêvé d'un lever de jour en pleine paroi, quand les premiers mouvements d'air chassent l'ombre de ses abris les plus secrets ; de l'apparition fugitive des hirondelles, messagères du temps, dont le vol donne substance au vide qui nous entoure...

Fantaisie et romantisme à part, la vie en bivouac peut être plus appréciée par les astuces suivantes :
• Les vires sont, de loin, préférables aux hamacs dans le vide ; de plus, il est conseillé de dormir sous un surplomb (pas nécessairement énorme) protégeant d'éventuelles chutes de pierres.

• Si vous êtes obligé de dormir dans un hamac : la corde et le hamac doivent être attachés à l'ensemble des pitons posés.
• La venue du jour sera mieux accueillie si vous équipez la moitié de la prochaine longueur avant de vous coucher. Ce dernier « détail » vous assure une nuit tranquille, regardant la corde passée dans tous les points d'assurage... Ainsi, au matin, le premier peut s'échauffer, avant de commencer le vrai travail...
• Les hamacs sans support transversal sont assez inconfortables : écrasé par son propre poids, on dort mal et on a froid, le duvet étant lui-même comprimé contre vous... Les hamacs avec structure en alu promettent, eux, un repos de roi (et avec les ascendeurs pour hisser tout ce matériel...).

Bivouac (gazeux) sur plates-formes dans le Zodiac (El Capitan). Photo : Romain Vogler.

VIII. La grimpe : question de style

L'escalade est un jeu de sport et de hasard qui se pratique dans une belle ambiance.

Si, malgré tous les moyens d'assurage que nous possédons, nous n'avons pas totalement éliminé le hasard, c'est parce qu'il est intrinsèque au jeu et à l'ambiance. C'est une aventure... Il y aura toujours des situations où il ne faut pas tomber, mais il y en aura beaucoup d'autres qui ne prêteront pas à conséquence si le matériel est correctement utilisé.

Je souhaite que ce livre vous ait donné des éléments sérieux permettant de vous faire votre propre idée sur l'assurage et de mieux fonder votre confiance. J'espère, enfin, que l'humour des dessins a rendu cette expérience agréable...

1. Remarque sur les « règles du jeu »

« La chute n'est pas la dernière technique dans le vent !... c'est un mauvais style. »

Par l'amélioration dans le domaine de l'équipement, le caractère de la varappe a changé. La technologie est devenue suffisante pour abaisser le niveau de difficultés de nombreuses voies. (On peut se reposer, même tirer sur un spit... qui le saura ?) Ceci ne représente bien entendu pas le but mais le fait de ce progrès. Tant que le matériel reste « écologique », on ne peut pas trop protester (ce qui n'est pas le cas pour le pitonnage). Mais il y a une autre façon de voir l'escalade, peut-être plus individualiste (car avec son matériel, il y a la possibilité de personnaliser son ascension, lors de la répétition d'une voie par exemple). Ceci m'amène à parler de l'idée de « fair play », car on pourra rajouter à nos escalades une autre dimension que la simple difficulté : l'aspect d'un « style », d'un jeu plus sévère... Dans cette conception, le repos sur spit ou la chute sur un clou peuvent être vus comme un moyen « d'artif ». Si les voies nous offrent une gamme de difficultés, nos réponses sont autant diversifiées. On peut grimper assuré depuis le haut en moulinette (« top rope »), en artif, en multi-chutes (« yoyo »), en libre, en « free solo » sans corde, sans chaussons, sans... ?!

De fait, chaque réponse adoptée représente une échelle différente dans la règle du jeu. Parfois le jeu de « fair play » peut être dur, car d'avoir travaillé une voie exclut à jamais pour le grimpeur son ascension « à vue ».

FINALEMENT ... JE VAIS ME METTRE AU "LIBRE"...

2. Traumatologie de l'escalade

L'escalade de haut niveau pousse les limites du corps humain. Les résultats en sont souvent des claquages, entorses, problèmes de dos (sciatiques dues aux chutes répétées) et inflammation des gaines de tendons (principalement les doigts). A l'origine de ces maux ? bien souvent des petites erreurs : chaussures inadéquates, mauvaise technique, manque d'échauffement... mais aussi trop d'insistance.

Le meilleur remède aux petits problèmes reste le simple repos ou encore un changement d'activité de deux ou trois semaines. Par contre, au moindre doute (claquage, entorse...) consultez rapidement un médecin sportif. Le mieux : écoutez votre corps et ne brûlez pas vos limites.

3. Concernant la magnésie

C'est un « truc » des années 60, d'origine californienne, provenant du climat de type désertique. De nos jours, son utilisation s'est largement répandue et pose des problèmes écologiques en raison de son abus et de son adhérence sur le rocher. Devenue un « symbole » d'escalade de haut niveau, on la retrouve même dans les voies faciles. A croire que personne ne connaît la différence entre la colophane (résine adhérente et peu polluante) et la magnésie (poudre antisudation) ! On a même vu du talc...

En admettant son avantage, en été, dans certains passages, il faut souligner qu'elle sèche la peau et non le rocher. Rien n'interdit de s'essuyer les mains sur ses vêtements (après avoir cherché la magnésie) avant de retrouver le contact du rocher. Un simple geste, mais n'est-il pas possible que ce problème de magnésie soit résolu par un peu d'attention? (Sinon son utilisation sera certainement interdite dans les falaises de l'avenir...)

Une suggestion : coupez au moins votre magnésie avec de la colophane.

4. Protection et équipement des sites : CO.SI.ROC. et F.F.M.E.

Si le nombre de sites d'escalade est en pleine croissance, leur «fragilité d'existence» n'en n'est pas moindre. Chaque site possède son propre contexte local (problème d'accès, de parking, de chasse, protection de la faune et flore...). Le grand nombre de grimpeurs, s'infiltrant dans des endroits rarement visités auparavant, est difficilement accepté par toutes les communes. Comment s'assurer que ce patrimoine reste accessible et éviter la fermeture de certains sites tels Ménerbes, certaines sections de Buoux, etc.? C'est la préoccupation majeure du CO.SI.ROC. (Comité de Défense des Sites et Rochers d'Escalade) et de la Commission des Sites Naturels d'Escalade de la F.F.M.E. (Fédération Française de la Montagne et de l'Escalade) dont les diverses actions méritent notre soutien.

Essayez donc de respecter les lieux où vous grimpez, et de participer à l'économie du village qui vous accueille (achats alimentaires, etc.).

Qui équipe les sites et comment?
Principalement les grimpeurs locaux, avec leur argent personnel, quelquefois aidés par le CO.SI.ROC. ou la F.F.M.E. ou association locale. L'achat du topo-guide du site est souvent un moyen de les remercier. La responsabilité de l'état d'équipement passe ainsi des comités départementaux F.F.M.E. aux associations locales, puis aux équipeurs...

5. Compétition

Si la compétition vous attire, sachez qu'elle vous est ouverte. Comportant deux types d'épreuves, vitesse et difficulté « à vue », elles se déroulent soit dans des sites naturels, soit sur murs artificiels. Il suffit pour participer d'être inscrit dans une association affiliée à la F.F.M.E. Pour connaître la liste de celles-ci, écrivez directement à la F.F.M.E., 20 bis Rue de la Boétie, 75008 Paris (tél. : 47 42 39 80) ou au Ministère de la Jeunesse et des Sports de votre département.

6. Danse escalade

Inspirée par Patrick Bérault, il s'agit d'une autre possibilité d'expression à mi-chemin entre l'art et le sport. Dans cette discipline, les gestes de l'escalade sportive sont « transformés » dans le cadre d'une « danse verticale » sur mur artificiel ou site naturel. Pour informations, voir les propositions de stage dans les diverses revues d'escalade.

Appendice

Mur d'entraînement

Un mur d'escalade est aujourd'hui facile à monter et relativement peu coûteux. La seule difficulté est de trouver une dizaine de mètres carrés nécessaires à sa création... Plusieurs fabricants proposent des «kits» d'une vingtaine, voire une cinquantaine de prises mobiles, rapidement installées avec l'aide d'une simple perceuse. Conçues en résine de synthèse leur contact rappelle étonnement celui du rocher. Facilement orientables et interchangeables, elles offrent une gamme énorme de variations possibles. Une trentaine de prises sont nécessaires pour un petit mur d'entraînement de 10 m². Si vous manquez vraiment de place, quelques prises fixées sur une planche au-dessus d'une porte, pourront servir à l'entraînement des doigts... mais gare aux tendinites!

Quelques conseils

1. Suivant la qualité de votre mur, les prises seront montées soit avec des chevilles ø 10 pour béton, soit avec des chevilles Spit Uni M10 pour brique, parpaing et pierre tendre. Si votre mur est recouvert de placoplâtre, utilisez des panneaux en bois, genre contre-plaqué, de 20 mm, à fixer par quelques scellements solides derrière le placoplâtre. Dans ce cas, les prises sont montées à l'aide de «T-nuts» placés derrière le bois (voir dessin).

2. Utilisez des vis BTR-M10, elles sont solides et bien adaptées à l'installation de vos prises.

3. Prévoir plus de fixations sur le mur que le nombre de prises, ceci permettant une variation à volonté de vos passages techniques... et plus de plaisir.

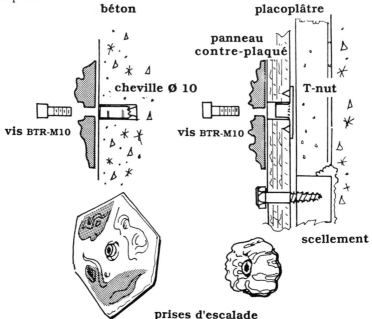

par Achevé d'imprimer
avec les films fournis,
en juillet 1996
IMPRIMERIE LIENHART
à Aubenas d'Ardèche

Dépôt légal juillet 1996
N° d'imprimeur : 8506
Printed in France